TIAGO BRUNET

DESCUBRA O SEU DESTINO

AS CHAVES QUE ABREM AS PORTAS PARA O SEU FUTURO

academia

Copyright © Tiago Brunet, 2018
Copyright © Editora Planeta do Brasil, 2018
Todos os direitos reservados.

Preparação: Olívia Tavares
Revisão: Project Nine Editorial
Projeto gráfico e diagramação: Villa d'Artes Soluções Gráficas
Capa: Anderson Junqueira
Imagem de capa: Maryna Stamatova / Shutter Stock

Dados Internacionais de Catalogação na Publicação (CIP)
Angélica Ilacqua CRB-8/7057

Brunet, Tiago
　　Descubra o seu destino: as chaves que abrem as portas para o seu futuro / Tiago Brunet. – São Paulo : Planeta, 2018.
　　192 p.

　　ISBN: 978-85-422-1397-3

　　1. Técnicas de autoajuda 2. Sucesso 3. Felicidade I. Título

18-1235　　　　　　　　　　　　　　　　　　　　　　　　　　　　CDD 158.1

Índices para catálogo sistemático:
1. Técnicas de autoajuda

MISTO
Papel produzido a partir de fontes responsáveis
FSC® C011188

Ao escolher este livro, você está apoiando o manejo responsável das florestas do mundo

Acreditamos nos livros

Este livro foi composto em Adriane Text, Electra LT Std e Futura e impresso pela Gráfica Santa Marta para a Editora Planeta do Brasil em dezembro de 2022

2022
Todos os direitos desta edição reservados à
EDITORA PLANETA DO BRASIL LTDA.
Rua Bela Cintra, 986 – 4º andar
01415-002 – Consolação – São Paulo-SP
www.planetadelivros.com.br
faleconosco@editoraplaneta.com.br

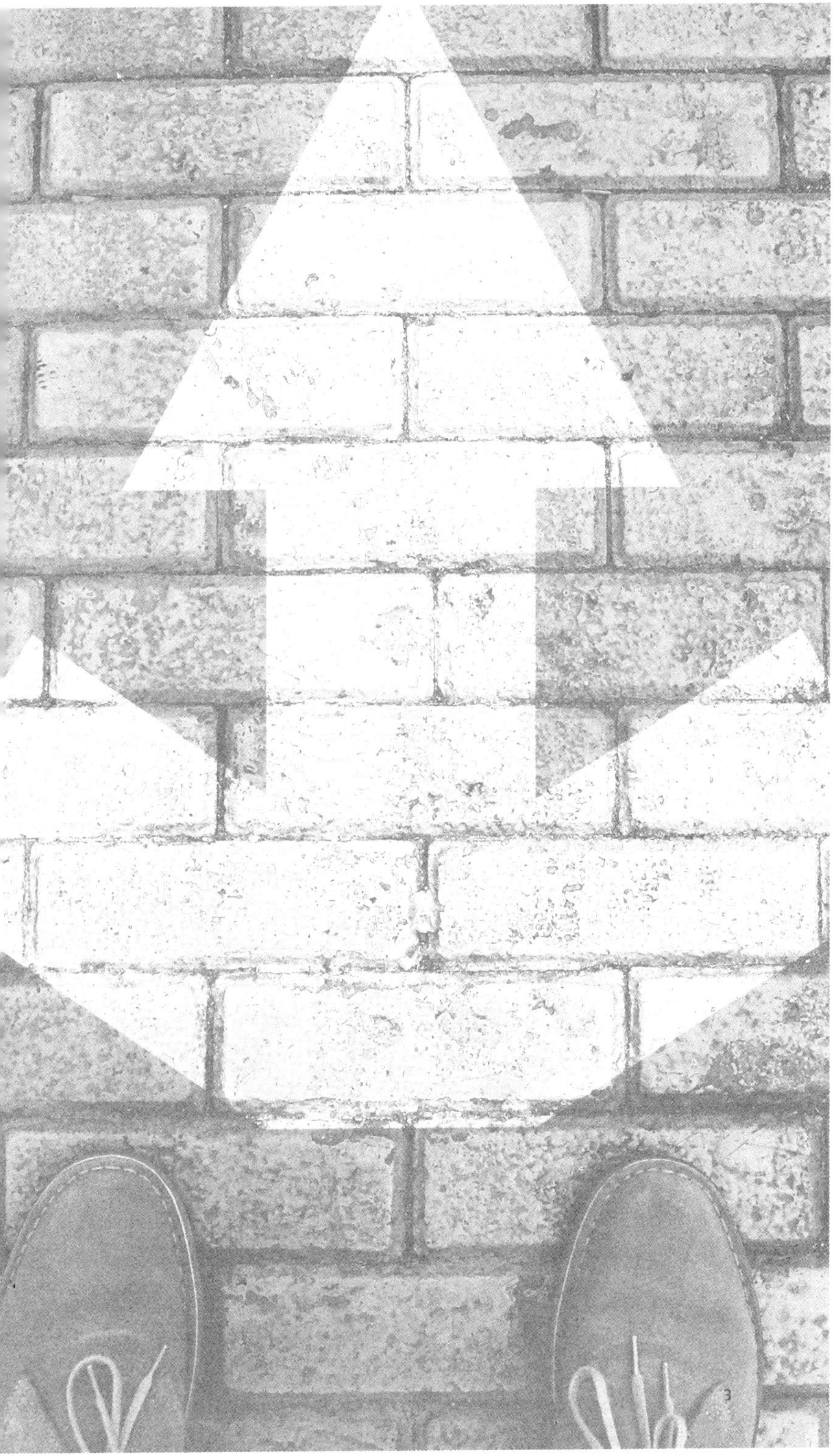

Sumário

Introdução	6
Como você se tornou o que é?	16
Zona de Expulsão	40
Pessoas e livros	70
Uma vida coerente	94
Recomeçar é inevitável	114
Não deixe nada para amanhã	144
A fase da exposição	166
E se tudo sair do controle?	186

Introdução

A vida é como um bilhete aéreo: você pode ter conexões e escalas no caminho, mas é impossível ir a dois destinos ao mesmo tempo. Se a sua passagem é para Nova York, você sabe que decidir ir a Paris no meio do trajeto não é uma opção. Destino é algo difícil de ser alterado e qualquer mudança gera consequências.

Até mesmo Jesus, personagem que estudaremos nesta obra, quando passou por aqui há cerca de dois mil anos, tentou uma mudança quase no fim de sua jornada. Sim, ele tentou alterar o seu destino ao clamar: "Pai, se possível, afasta de mim este cálice". Ele estava destinado a cruz, ele morreria pela humanidade, mas ainda assim tentou evitar o que já estava planejado.

Diante de tal episódio, ele nos revela um segredo poderoso que pode blindar o nosso futuro ao dizer: "Contudo, não seja como eu quero, mas seja feita Sua vontade".

Ele liga o cumprimento de seu destino a algo maior; a algo que chamaremos neste livro de supervisão especializada. É necessário consultar O especialista.

Repare que não importa a velocidade de um carro na corrida de Fórmula 1 se a direção estiver errada. Destino é tudo! As pessoas, geralmente, não têm a mínima ideia de para onde estão indo. Poucos têm senso de futuro e vivem uma vida sem a real intenção de viver!

Neste livro, você aprenderá de forma prática como desvendar o seu destino. Ou seja: para onde você está indo e como você estará no fim de sua peregrinação aqui na Terra. Além disso, entenderá que alguém já te viu lá na frente e que Ele pode facilitar o seu caminho por aqui. Nosso contato com o divino não é uma "bola de cristal", mas pode prever o que está por vir. Funciona como um aplicativo GPS que já te avisa dos engarrafamentos da estrada quilômetros antes de você chegar até eles.

Não há como falar de futuro, sem falar de fé.

Fé é o *wi-fi*, é a rede invisível que te conecta em banda larga com as coisas que aparentavam ser impossíveis.

Milênios se passaram desde a fundação do mundo como o conhecemos e a pergunta que todo ser humano carrega dentro de si continua sem resposta. Essa questão insiste em atravessar gerações, acompanhar os séculos, desrespeitar territórios.

Para onde vou?

Irei terminar bem ou terminar mal?

Poucas serão as pessoas que conseguirão arquitetar seus próximos anos e, mesmo que o façam, encontrarão severas dificuldades para executar o projeto que traçaram. Afinal de contas, há muitas surpresas no caminho!

Certa vez, durante uma viagem a Dubai, conversei com o piloto do *Air Bus* 380 que nos levaria de volta para casa. Na troca de informações preciosas que essa breve conversa proporcionou, uma frase ecoou nos meus ouvidos:

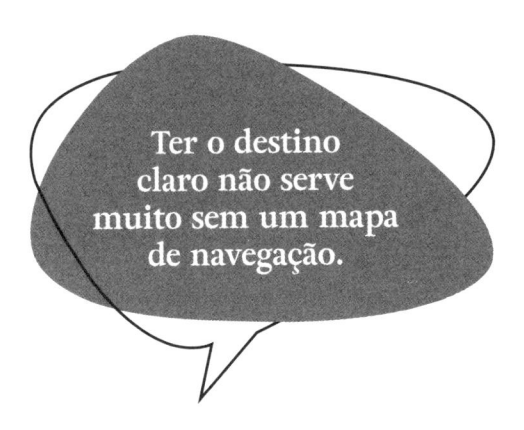

> Ter o destino claro não serve muito sem um mapa de navegação.

"O melhor piloto do mundo, no comando da melhor aeronave do planeta, perde sua utilidade sem um DESTINO e um PLANO DE VOO", ele me disse.

Aqui está uma das questões mais emblemáticas para o ser humano: para ONDE devo ir e COMO chegarei lá?

Muitas pessoas que conheço são verdadeiros diamantes, mas enterradas nas areias da vida real. E quem sabe você seja uma delas. Quem sabe você não seja uma dessas pessoas que têm um sonho, porém não faz a mínima ideia de como chegar até lá.

Nas mais de 40 viagens que fiz a Israel, muitas delas para estudar e investigar a trajetória dos judeus, conversei com historiadores, entrevistei renomados arqueólogos e apurei a fundo a história mais contada do mundo: a vida de Jesus. Desenvolvi algumas teses sobre heróis bíblicos, como Davi, José e Moisés. Percebi por meio da vida desses personagens que, para desvendar e cumprir o seu destino, são necessárias duas coisas:

> Preparação humana e "conspiração divina".

Como teólogo focado em desenvolvimento pessoal e espiritualidade, concluí na pesquisa que fiz para este livro que se compreendermos o passo a passo da vida, a liderança e a inteligência de Jesus e a de outros heróis bíblicos, será muito mais fácil descobrir o nosso destino e, principalmente, vivê-lo!

Deu certo com eles, dará certo com a gente. Acredite!

Fé é mais do que acreditar, é dar PODER a algo ou alguém.

Quando ponho fé em palavras, dou poder a elas. Quando coloco a minha fé em uma pessoa, concedo a ela autoridade sobre mim.

O que me intrigou ao refletir sobre a vida do Mestre foi a sequência estratégica de sua caminhada. Nada foi coincidência! Tudo estava planejado, e ele, preparado.

Intervenções que transcenderam ao universo humano aconteceram muitas vezes, e é exatamente sobre isso que me refiro quando falo em conspiração divina.

Há algo superior! Existe um Arquiteto do Destino.

Refleti muito sobre a afirmação anterior e hoje não me restam dúvidas. Mas será possível desenhar o futuro? Sim! É possível.

Na história de Jesus vemos claramente que o nosso fim não está escrito nas estrelas (como muitos acreditam), mas sim em nossas decisões diárias.

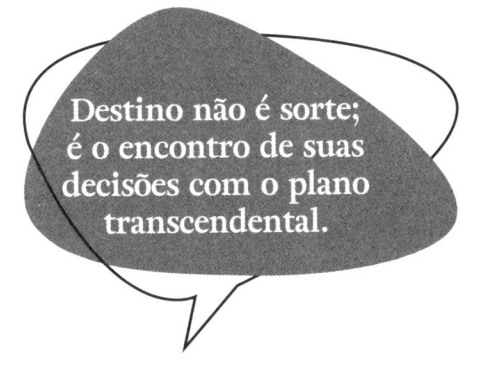

> Destino não é sorte; é o encontro de suas decisões com o plano transcendental.

Jesus também ensinou com a própria trajetória que a vida é dividida em duas etapas: a de preparação e a de exposição.

Ele passou trinta anos de sua existência sendo treinado para viver a sua missão em apenas três anos e meio.

Muitos desejam encontrar o seu caminho profissional, emocional, familiar, espiritual, mas invertem essa ordem e nunca alcançam o que tanto buscam.

Guarde isso:

> É o nível de sua preparação que vai determinar o raio de sua influência. A sua expectativa de futuro determina a grandeza dele.

Jesus não fugiu ou reclamou dos seus anos de preparação. Ele sabia que a paciência é uma virtude de quem sabe o que quer, de quem sabe para onde está indo.

Durante sua fase de preparação, ele foi expulso de alguns lugares assim como outros heróis bíblicos e contemporâneos, que também foram expulsos de sua zona de conforto direto para seus destinos: José foi vendido ao Egito enganado por seus irmãos; Davi teve que fugir de seu próprio país perseguido injustamente por seu sogro e rei à época. A lista é grande e você precisa saber que atravessar pelo o que chamo de Zona de Expulsão não é uma opção, é um fato.

Nesta obra, ainda falaremos sobre:

- A Zona de Expulsão. Quem fez história foi expulso de sua zona de conforto.
- A influência de pessoas que você convive e de livros que lê na construção do seu futuro.
- Como ter uma vida coerente para chegar aonde se espera.
- Entender que seu sonho de vida representa seu destino. Então, reveja seus sonhos!
- Procurar supervisão especializada para alcançar seu patamar final.
- Aprender a recomeçar se necessário.
- Saber lidar com a exposição que o destino provoca.

Nessa estrada mal sinalizada que é a vida, nos deparamos com muitos buracos no caminho, curvas acentuadas e perigos que constantemente nos desviam de nossas prioridades: problemas no casamento, frustrações em relacionamentos, dificuldades financeiras, necessidade extrema de sermos aceitos, complexos de inferioridade, lembranças dolorosas etc. Existe uma imensa lista de itens que impactam e muito a investigação em busca do nosso futuro. Mas, lembre-se, destino é tudo!

Jesus nunca abandonou o plano de voo, o mapa de navegação, apesar das dores e injustiças. O destino dele não pôde ser mudado por interferências externas. Foi uma posição interna e definitiva. E o seu?

O mais instigante é que o Norte da bússola da vida do Homem de Nazaré nunca falhou. Ele mudava o destino de pessoas com apenas um olhar de afeto enquanto mantinha o seu incorruptível. Ele mudou o futuro da humanidade apenas com suas palavras enquanto o seu continuava inabalável.

Com este livro, espero ajudar todos aqueles que desejam ardentemente descobrir o seu caminho e entender o seu propósito. Aqueles que, mais do que tudo, precisam desvendar o próprio destino.

Existe uma forma de começarmos este jogo de descobertas. Você vai rir, mas também irá sentir as lágrimas correrem pelo seu rosto em alguns momentos.

Passei os últimos anos, como *coach*, treinando pessoas e instituições, mentoreando líderes políticos, religiosos e empresariais. Percebi que temos de aprender atentamente com a vida, com exemplos de Jesus e de heróis bíblicos, para entrar nos caminhos que levam à paz e à prosperidade que foram reservadas para cada um de nós.

Independentemente de sua crença ou religião, vamos viajar pelas próximas páginas, analisando as ações e reações desses homens, de carne e osso, como eu e você, que foram guiados até um destino que marcou a humanidade.

O plano de Jesus deu certo.

Dois mil anos se passaram e estamos aqui, aprendendo com Ele.

Prepare-se! Você está prestes a desvendar o seu destino, e, quando cumpri-lo, falarão de você nas próximas gerações.

Tiago Brunet

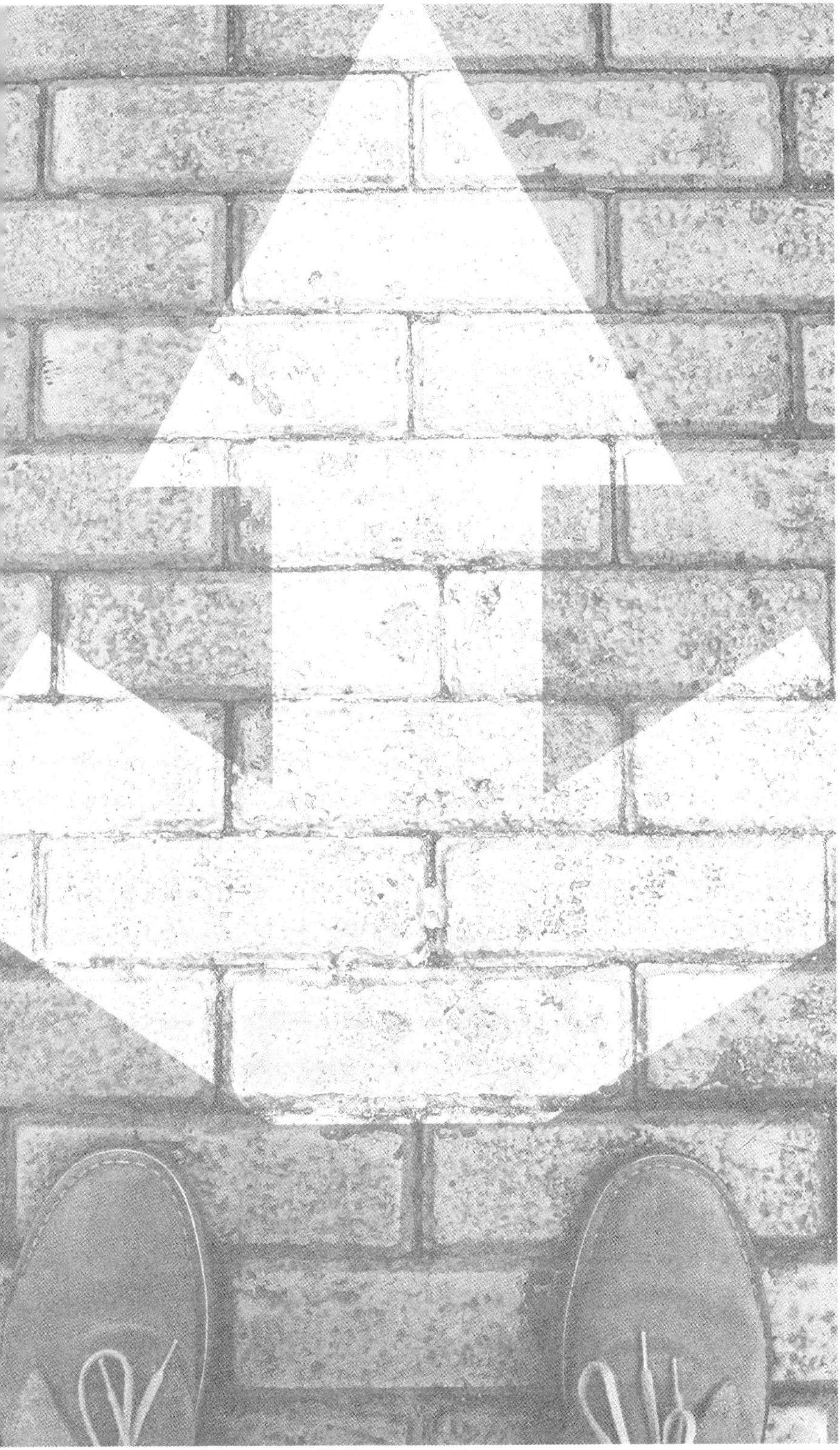

Como você se tornou o que é?

"Um homem não é outra coisa senão o que faz de si mesmo."

Jean-Paul Sartre

Antes de descobrir o que está por vir e desvendar o seu destino, você precisa refletir sobre como chegou até aqui, sobre como se tornou quem você é hoje! Sem saber a sua localização atual fica impossível projetar o futuro.

Aprendi isso recentemente, durante uma viagem que fiz com a minha esposa para Lisboa, em Portugal. Foi na capital portuguesa que escrevi este capítulo. Jeanine sugeriu que saíssemos um pouco, que fôssemos à linda praça do Comércio ou conhecer o shopping mais próximo. Decidimos ir ao shopping. Então, peguei o celular para usar um aplicativo de transporte particular e solicitar um carro para nos levar até lá.

Quando fui digitar o destino, o sistema me obrigou a colocar primeiro a minha localização exata, pois a captada pelo satélite mostrava somente a área em que eu estava, e não o endereço correto.

A situação foi como um estalo: "Sem saber onde estamos, não podemos traçar o nosso destino!". Por isso, é essencial entender como você foi formado até chegar aqui, onde e como você se encontra hoje.

A verdade é que somos construídos consciente ou inconscientemente, intencional ou involuntariamente por experiências, pessoas, sugestões, contrariedades, palavras e por nossa matéria-prima ou, como gosto de chamar, por nossas habilidades naturais. Tudo isso nos forma, tudo isso nos constrói.

Como seres humanos em constante evolução, funcionamos da mesma forma que uma esponja: a cada dia de nossa vida absorvemos algo mais; algo diferente. Colocamos diariamente um tijolo na construção do nosso próprio futuro. Caso o tijolo seja encaixado errado, só perceberemos quando a obra avançar um pouco. E é aqui que está o problema!

É possível construir um futuro sem uma supervisão especializada? Sem o engenheiro da obra? Faz sentido construir a vida do nosso jeito para só em alguns anos percebermos que algo está torto?

Já tentei, pesquisei, analisei possíveis respostas para essas perguntas. E, basicamente, o resumo dessa busca é que... é impossível! Isso mesmo. É impossível erguer um bom futuro sem o acompanhamento de quem entende do assunto.

Diante das decisões e experiências que formatam nosso destino, precisaremos de alguém que já nos viu no futuro, de alguém que nos dê sinais de que estamos no caminho certo ou não.

Falaremos disso mais à frente. Você ainda está no primeiro degrau da escada. No estágio atual, é necessário aumentar a sua fé, alimentar os seus sonhos e receber ferramentas para acreditar no que virá.

Os motivos principais

Depois de uma autoanálise, percebi que me tornei quem sou hoje por 3 motivos principais. Claro que são inúmeras coisas que nos moldam. Reduzir as influências que me formataram em apenas 3 pode parecer que tudo foi simples demais. No entanto, destaco essas, pois elas são significativas na minha e na vida dos mais de 250 clientes que atendi em sessões de *coaching*.

Cito isso, pois desses encontros, que totalizam mais de duas mil horas de sessões pessoais, eu tirei muitas lições. Assim como das experiências que conquistei por ter realizado centenas de cursos de desenvolvimento pessoal, inteligência emocional, motivação e espiritualidade, com um público total de mais de 500 mil pessoas – o equivalente a 6 estádios do Maracanã lotados de gente. Isso até janeiro de 2018!

Muito do que foi falado nessas conversas e nesses eventos me inspiraram a fazer anotações. E hoje, por conta disso, tenho centenas e centenas de páginas. Elas registraram o motivo pelo qual aquelas pessoas faziam o que faziam, como chegaram ao topo ou à falência, como mantiveram suas famílias ou as perderam e como realizaram seus sonhos ou os deixaram escapar pelas mãos.

Concentre-se no que está adiante.

Respire fundo e vamos lá!

Os 3 pontos a seguir sempre apareceram nas minhas anotações:

1. Palavras que falaram e você acreditou

Se o veneno mais poderoso do mundo estiver em um copo à sua frente, ele não terá efeito algum. Como diz o ditado popular: "Veneno só tem efeito se você beber".

Essa é a verdade. Palavras só se tornam verdadeiras quando acreditamos nelas. E isso serve para o bem e para o mal.

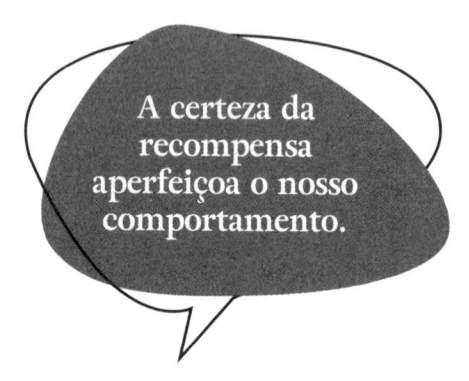

> A certeza da recompensa aperfeiçoa o nosso comportamento.

Quando eu era adolescente, com meus 12 ou 13 anos, meus irmãos e eu nos preparamos para ir à inauguração de uma grande casa de jogos de videogame que abriria naquele fim de semana. Estávamos eufóricos!

Duas semanas antes, nos comportamos bem melhor do que o normal para que não tivesse risco de o papai nos proibir de ir por algum eventual mau comportamento. Avisamos à mamãe que precisaríamos de dinheiro e fomos preparando todo o ambiente para o grande dia.

Enfim, o dia tão esperado chegou. Acordamos cedo, colocamos a melhor roupa, ligamos para os amigos com os quais havíamos combinado de ir em grupo e nos reunimos na sala de casa, esperando papai ligar o carro para sairmos de casa.

Foi quando meu pai se aproximou e deu 30 reais a cada um de nós. Era o dinheiro que usaríamos para comprar as fichas dos jogos de videogame.

Ficamos felizes demais... Que alegria!

Quem se lembra da infância ou tem criança em casa pode imaginar como aqueles minutos foram especiais e cheios de sorrisos. A felicidade aumentou quando chegamos no shopping. Do estacionamento, em passos acelerados, fomos direto para a nova loja de jogos eletrônicos. Lá, como combinado antes, encontraríamos nossos amigos na porta. Esperamos até que todos chegassem e fomos juntos à fila de fichas.

Nisso, duas irmãs, amigas nossas, filhas do homem "mais rico" do nosso círculo social da época, perguntaram para mim: "E você, Tiago, trouxe quantos reais para jogar?". Eu, com um sorriso inocente, respondi: "Trinta!". Eu estava tão feliz! Para mim, aquele dinheiro era mais do que suficiente.

Só que uma delas me olhou e, sem pensar em nada, disparou a frase: "Nossa, que miserável! Meu pai deu 200 reais para cada uma de nós. Que vergonha trazer apenas 30".

Aquelas palavras caíram como uma bomba atômica no meu emocional.

Toda a alegria e euforia que eu estava sentindo foram estraçalhadas e desapareceram pelo ralo da minha alma. Aquelas palavras, veja bem, não foram tão agressivas se comparadas com as que podem ser usadas quando se tem a intenção de agredir alguém, mas isso não importou ali.

O problema foi que eu acreditei nelas. Não foram as palavras, mas a fé que depositei no que as meninas haviam dito.

Você costuma acreditar mais nas palavras contrárias que lançam sobre você ou tem fé nas palavras positivas? Seja sincero!

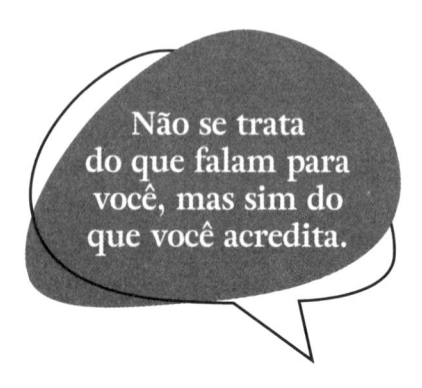

> Não se trata do que falam para você, mas sim do que você acredita.

Ao aceitar aquelas palavras e me ver como um miserável, apesar de ser filho de um oficial da Marinha do Brasil, comecei a agir como tal. Passei a me sentir inferior a todos. Olhava para o tênis de alguém e pensava: *Que pena! Eu não posso ter um igual a esse.*

Eu estudava em uma escola boa, mas sabia que o colégio de alguns amigos era mais conceituado do que o meu. Lembro que ao vê-los com o uniforme do tal colégio bacana, eu sempre pensava: *Um dia, quem sabe, eu vou estudar lá....*

Aquelas palavras tiveram um efeito negativo muito forte dentro de mim. E outras frases, não só a dita sem maldade pela minha amiga de infância, contribuíram para que tudo virasse um veneno. Eu o bebi e comecei a morrer!

Acredite em mim:

Não vale a pena dar ouvidos a palavras negativas a seu respeito. É sempre bom avaliá-las, mas não interiorizá-las.

Quem realmente te ama repreende, não ofende. Ao menos não voluntariamente.

Sabe o que é curioso no ser humano? Nós levamos as palavras negativas a sério, muito a sério. Realmente consideramos tudo aquilo que falam para nos atingir.

O contrário é raro de acontecer, já percebeu? Ou seja: é difícil acreditarmos piamente naquilo que falam positivamente a nosso respeito, a ponto de o elogio sobrepor a negatividade lançada em nossa mente por meio de palavras ruins.

Como disse, na introdução deste livro, usaremos a história de Jesus para entender o nosso destino. Ele escutava coisas boas e ruins enquanto cumpria a sua missão na Terra. Foi chamado de Belzebu, de falso profeta, de perturbador da paz e outras ofensas. Ele escutava isso de pessoas quaisquer, mas também de gente relevante como os fariseus, principal facção judaica da época.

Mas as palavras nas quais ele acreditou foram as que vieram do céu. Quando foi batizado no rio Jordão, surgiu uma voz do alto dizendo:

Este é o meu Filho amado, em quem me comprazo.
(Mateus 3:17)

Aqui aprendemos algo interessante:

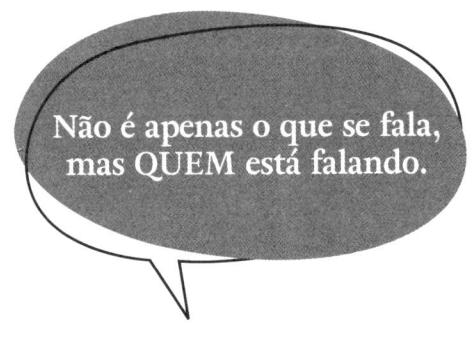

> **Não é apenas o que se fala, mas QUEM está falando.**

Jesus preferiu acreditar e colocar fé nas palavras do Pai, e não nas dos fariseus.

Você acredita nas palavras de quem?

Como sou de origem protestante, filho e neto de pastores, meu destino parecia traçado. Então, decidi fazer teologia e, por meio da inteligência bíblica, ajudar o máximo de pessoas que eu pudesse.

Por causa dessa convivência cristã, recebi muitas palavras positivas acerca do meu futuro, como coisas do tipo: "Deus tem um plano para você e Ele certamente cumprirá Suas promessas em sua vida".

Promessas?

Sim, é o que a Bíblia diz aos que seguem suas orientações. É o que ela garante que vai acontecer caso você esteja alinhado aos princípios milenares e imutáveis da sabedoria eterna de Deus.

Veja isso: eu ouvia dos meus pais: "Filho, você é lindo!". Mas quando alguém me chamava de "nareba" na escola (por causa do meu desvio de septo), eu acreditava que era feio (apesar de meus irmãos até hoje concordarem que eu realmente sou).

O *bullying* como é conhecido hoje em dia, essas palavras e atitudes depreciativas, marcaram a vida de muita gente. Porém, não se vence esse mal apenas criando uma lei e proibindo a sua prática. É possível vencê-lo ensinando as pessoas a se protegerem emocionalmente de palavras negativas, treinando nossas emoções e as blindando contra as dores inevitáveis da vida.

As palavras que decidimos "beber" são as que irão nortear o nosso destino. Grave isso!

Você se lembra de alguma palavra que foi dita a você e que causou um efeito paralisante? Você já desistiu de algum sonho ou objetivo porque as palavras de alguma pessoa foram capazes de desanimá-lo?

Como interpretar as palavras?

Veja o famoso caso de Saul, o primeiro rei de Israel, que viveu em 1.000 a.C. Naquele época, ele enfrentava problemas: o seu exército estava amedrontado por causa de um gigante do povo inimigo, os filisteus. O sujeito tinha cerca de 3 metros de altura e, há quarenta dias, estava desafiando toda a nação israelita. Os soldados do rei Saul ouviam as provocações, mas nenhum deles se habilitava a enfrentar o gigante. Todos se sentiam incapazes de lutar e apenas engoliam a afronta daquele filisteu.

Certo dia, um jovem chamado Davi, que vivia na cidadezinha de Belém, a 7 quilômetros da atual Jerusalém, foi a pedido de seu pai entregar pães aos irmãos que pertenciam ao exército de Israel. Ele costumava levar queijo para os capitães também. O pai de Davi, Jessé, ordenou que o garoto levasse os quitutes e voltasse com notícias de seus outros filhos que estavam na linha de frente da batalha.

Assim que chegou ao campo de guerra, o jovem Davi percebeu a agressividade com a qual o inimigo de Israel convocava um lutador de seu povo, qualquer um, para lutar com ele. Golias era o nome do gigante. Ele era perito em guerras, havia sido treinado desde a infância – já que tinha na altura um diferencial – e usava os melhores equipamentos da época em suas batalhas.

Davi era muito novo e a sua função dentro daquela sociedade era a de pastorear as poucas ovelhas de seu pai. Um trabalho bem diferente, convenhamos, do realizado por um soldado. Apesar disso, o pequeno tinha algumas histórias para contar e a pouca idade contrastava com a experiência acumulada.

Ao ver Golias desafiar o seu povo, Davi se candidatou para lutar contra o gigante. Não porque ele era corajoso, mas porque estava de olho na recompensa. É sabido que quem derrubasse aquele inimigo acumularia riquezas, casaria com a filha do rei e estaria isento de impostos em Israel. Acreditar na recompensa nos anima para viver nosso destino. Só aceita desafios aquele que acredita em uma recompensa.

E para ganhar a confiança do rei Saul, contou que já havia enfrentado um urso e um leão que tentaram atacar o rebanho que ele cuidava. Davi se mostrou valente!

O que você vê como problema, na verdade, pode ser um treinamento para o próximo nível.

Saul pareceu sem escolha. Afinal, após mais de um mês de provocações, somente um homem de Israel se dispôs a enfrentar Golias: Davi. Diante disso, o rei aceitou a oferta daquele jovem e sugeriu que Davi utilizasse a armadura real, um escudo e também uma espada. Davi até tentou, mas logo negou a sugestão do rei.

Imagine só, tem gente que não sabe dizer não quando o vizinho pede dinheiro emprestado; outros não sabem negar o pedido de carona num dia que é impossível dar. Mas aquele adolescente de Belém disse não ao rei, pois suas experiências em matar um urso e um leão não foram com armadura e espada. Foram com uma funda e com os próprios braços.

> **Sua experiência vale mais do que boas sugestões.**

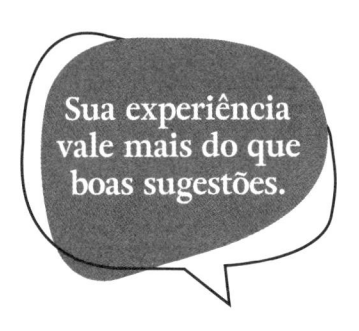

Tem gente que tentando lhe ajudar, oferece sugestões que, na verdade, vão fazer você cair diante dos gigantes da vida. Sua experiência deve ser levada em conta antes das batalhas. Aquilo que você já sabe fazer vale mais do que as palavras de quem não sabe nada a seu respeito.

O fim da história é mundialmente conhecido: Davi derruba Golias com apenas uma pedrada e depois corta a cabeça dele com a própria espada do guerreiro filisteu.

COMO SAUL SE TORNOU SAUL?

Isso é apenas a introdução do que vou lhe ensinar. O que acontece depois, a interpretação feita pelo rei Saul diante das palavras do povo e de pessoas próximas, determinou a situação de um reinado no qual a maldade, a perseguição e as desgraças se tornaram rotina.

Após a vitória de Davi, o jovem pastor de ovelhas se tornou celebridade em Israel e acabou nomeado general do exército. Davi fazia as ofensivas militares de Israel e muitas vitórias começaram a acontecer debaixo de sua liderança.

Certo dia, o rei Saul escutou um grupo de mulheres israelitas cantando a plenos pulmões: "Saul matou milhares, mas Davi seus 10 milhares...".

Eram palavras em forma de música. E palavras são interpretadas de acordo com o estado do seu coração. Quero dizer, do jeito que está a sua vida emocional.

Saul poderia ter pensado ao escutar aquele cântico: "Nossa! Que coisa boa! Agora tenho um garoto para resolver os meus problemas de guerra, lutar contra os meus inimigos, dar um alívio para que eu possa organizar o reino, edificar cidades e administrar o povo". No entanto, o coração de Saul não andava bem, suas emoções estavam desordenadas. Ele interpretou aquele grito das mulheres da pior forma possível e pensou consigo: *Agora esse menino vai querer tomar o meu trono. É o que lhe resta!*

Uma das maiores perseguições da história do povo de Israel teve início por uma má interpretação de palavras.

Gostaria de lembrar que Saul começou bem! Ele era, dos ombros para cima, o homem mais bonito de Israel, diz a história bíblica. Muito antes de ser rei, ele trabalhava cuidando das jumentas de seu pai e foi em uma dessas atividades corriqueiras que acabou sendo "encontrado" pelo profeta da época, que segundo a tradição judaica era a "boca de Deus" daquela geração. Saul havia sido encontrado nada mais, nada menos do que pelo profeta Samuel, o último dos juízes de Israel.

Assim que Samuel esteve diante de Saul, um ritual foi feito e Saul seria, portanto, o primeiro rei da nação de Deus na Terra. Ele foi escolhido o primeiro rei de Israel.

Como alguém que começa com uma linda história como essa acaba da forma que terminou?

As palavras nas quais você acredita são apenas os primeiros tijolos da construção. Saul acreditou e internalizou negativamente as palavras do povo, e não as dos seus conselheiros.

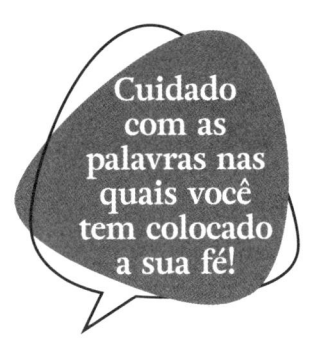

> Cuidado com as palavras nas quais você tem colocado a sua fé!

Tem gente que começa bem, mas durante a caminhada acredita em palavras em pessoas erradas.

2. O QUE EU PERMITI QUE ME INFLUENCIASSE?

Como seres humanos, somos altamente influenciáveis. Dia desses, em uma de minhas palestras, perguntei se havia solteiros entre nós. Rapidamente alguns jovens se manifestaram com um sonoro "ihuuu!". Então, perguntei a eles: "Quem aqui sonha em casar e passar a lua de mel em Paris?". Vários levantaram as mãos.

Escolhi uma menina e a convidei até o palco fazendo uma segunda pergunta: "Você realmente tem o sonho de passar a sua lua de mel em Paris?".

Ela, sorrindo e claramente feliz com a possibilidade, respondeu: "Sim, sim!".

Segui perguntando: "Você já foi a Paris?".

Ela me olhou abaixando um pouco os ombros, franzindo as sobrancelhas e disse: "Não, nunca estive lá".

Insisti em perguntar: "Como você sonha em passar a sua lua de mel em um lugar que nunca esteve?".

O silêncio na plateia fazia com que até a respiração ofegante da menina fosse ouvida.

Ela não soube responder. Então eu expliquei: "Bom pessoal, é que desde criança que assistimos a filmes. E quando o filme se passa em Paris, tem sempre um casal lindo e apaixonado que se beija em frente à torre Eiffel e janta à beira do rio Senna. Nossa mente é influenciada há anos por imagens e sugestões que ainda que inconscientemente moldam a nossa forma de pensar".

Sendo um pouco mais profundo, nem mesmo nossos sonhos são nossos. Alguém plantou essa ideia lá.

O seu sonho é realmente seu? Reflita sobre isso!

O que você tem permitido que te influencie? Eventos negativos, lembranças dolorosas, vergonhas do passado, ambientes destrutivos?

Quem influencia os seus sonhos e projetos?

Quando falamos de "quem" falamos de pessoas. Isso remete diretamente às suas amizades, aos seus professores da vida e, é claro, aos seus inimigos.

Por que você deseja o futuro que sonha em ter? É em troca de uma vitória pessoal ou de um ganho coletivo? Seus projetos futuros são egoístas ou altruístas?

É importante definir!

Em Jeremias 29:11 está escrito:

"'*Porque sou eu que conheço os planos que tenho para vocês*', *diz o Senhor*, '*planos de fazê-los prosperar e não de lhes causar dano, planos de dar-lhes esperança e um futuro*'".

Tenha cuidado para não "desejar" errado. Algo maior está trabalhando para que seu fim seja conforme você espera.

A interpretação da vida

Você interpreta as experiências externas conforme o estado do seu coração. Em outras palavras, o seu nível de inteligência emocional determina como você entenderá o que acontece à sua volta.

Por que um nordestino vindo da seca tem expectativa de futuro diferente da que tem o filho de um juiz federal de São Paulo?

Os filtros mentais, que são a forma como interpretamos os acontecimentos externos, foram estabelecidos em nosso inconsciente pela infância que tivemos e realidade na qual vivemos. Logo, quem fugiu da seca jamais terá a mesma expectativa de quem foi criado a "pão de ló". Porém, não se engane. As chances podem ser iguais, apesar de as expectativas serem diferentes.

O rei Salomão disse certa vez em seu livro de Eclesiastes: "Tempo e oportunidade acontece para todos".

Já vi mendigo virar milionário e milionário virar mendigo.

É claro que o ambiente ao qual você se expõe tem a vantagem de plantar uma semente na terra fértil de sua mente. Ali, brotam ideias e projetos que podem te levantar ou derrubá-lo para sempre.

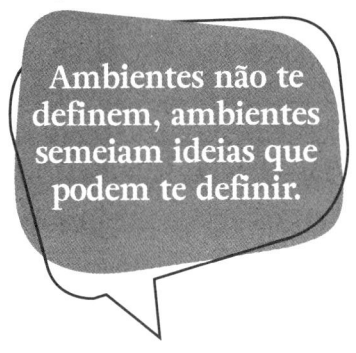

> Ambientes não te definem, ambientes semeiam ideias que podem te definir.

Recentemente escutei de um amigo o caso do Pedro, filho da dona Marli, que vendia sorvete na praça do bairro há vinte anos. Pedro sempre foi desinteressado pelos estudos, andava com desempregados, vivia no barzinho da esquina e chegou a ser informante da polícia do bairro, porque como não fazia nada ficava observando a vida de todos por ali.

Até que um dia, um de seus amigos sugeriu que eles fizessem uma prova para o Desipe, a unidade de segurança prisional de Aracaju, em Sergipe. Como teve companhia para estudar e focou no salário, acabou se preparando o suficiente para passar no concurso.

Uma vez dentro da instituição, ideias boas e ruins começaram a chegar como sementes em sua mente e em seu coração. Ideias negativas, como corromper-se dentro da unidade e, ideias boas, como cursar faculdade de Direito como a maioria fazia com o objetivo de passar no concurso da Polícia Federal.

Com o tempo, Pedro se apaixonou por uma agente que estava estudando Direito. Então, a semente que germinou não foi a de corrupção, mas a de preparação para o futuro.

Hoje, Pedro, o filho da senhora do sorvete, é agente federal, bem-casado e um homem de bem.

Ambientes plantam sementes e sementes são ideias. Escolha aquela que irá frutificar melhor em sua vida!

Você entenderá melhor no capítulo "Pessoas e livros".

Usando experiências negativas para entender o seu futuro

Entrevistei muitos policiais do Rio de Janeiro para entender por que resolveram entrar em uma instituição com fama de corrompida e realizar um trabalho extremamente perigoso.

A maioria respondeu que foi humilhada na infância, apanhou de colegas maiores, sofreu algumas injustiças e foi abandonada pelo pai. Para compensar essa dor, para tentar lidar com as fraquezas e exposições do passado, essas pessoas entraram para a polícia.

Martin Luther King Jr. (1929-1968) não nasceu um revolucionário, ele foi moldado por seu pai. As experiências negativas com a segregação racial colocaram aquele jovem negro no rumo de seu destino.

Veja, por exemplo, o que aconteceu em dezembro de 1955, em Montgomery, estado do Alabama, nos Estados Unidos. Naquela época, o racismo era institucionalizado em alguns estados norte-americanos. Isso mesmo. Leis proibiam que negros frequentassem lugares destinados exclusivamente aos brancos. Uma dessas normas vigentes em Montgomery dizia que os negros deveriam se sentar apenas na parte de trás dos ônibus. Se o veículo ficasse cheio, o negro era obrigado a ceder o lugar a qualquer branco.

Ou seja: se um negro estivesse sentado, seguindo sua viagem tranquilamente, e surgisse um homem, uma mulher ou uma criança branca, o negro teria que se levantar.

Só que uma mulher negra se insurgiu contra a lei. Cansada da discriminação por causa de sua cor de pele, Rosa Parks (1913-2005), uma costureira de 42 anos na época, recusou-se a dar o seu lugar a um branco. Isso aconteceu em 1º de dezembro de 1955. O desdobramento do caso foi tão absurdo quanto era aquela lei.

Rosa Parks foi presa e multada por se recusar a dar o seu lugar no ônibus. A prisão revoltou a comunidade negra e acabou sendo o estopim do surgimento redentor da luta pelos direitos civis. Foi a partir da prisão de Rosa que o reverendo Martin Luther King Jr. (1929-1968) começou a organizar um boicote em massa contra os ônibus da cidade. A lógica era a seguinte: se o negro não era tratado de forma igual nos ônibus, então o negro não iria mais andar de ônibus.

O boicote durou 381 dias – mais de um ano, portanto. Naquele período, o negro que tinha carro dava carona aos seus vizinhos, amigos e até mesmo a desconhecidos. Muitos também iam a pé de casa ao trabalho e do trabalho para casa. Não importava a distância, mas sim a luta.

Repare bem. A prisão de Rosa Parks provocou o engajamento de Luther King Jr. Aquela prisão poderia ter enchido os negros de medo. Afinal, se prenderam uma pessoa, podem prender outras. Mas esse sentimento não contaminou Martin Luther King Jr., que na época tinha apenas 26 anos.

Os negros foram unidos para as ruas e o movimento surtiu efeito. Cerca de um ano depois, em dezembro de 1956, a Suprema Corte dos Estados Unidos declarou que eram inconstitucionais as leis que segregavam negros e brancos nos ônibus do estado do Alabama. Que vitória! Depois desse episódio, doutor King ganhou projeção nacional e internacional. Sua vida é parte da história do século XX.

Experiências negativas não precisam se transformar em sofrimento, mas podem ser um *START* para os seus melhores anos.

Voltando a ambientes

Ambientes influenciam seu destino?

Respondo com outra pergunta: "Quem nasceu e viveu a vida toda em uma comunidade carente será necessariamente um traficante?".

Se você olhar o noticiário do dia a dia vai pensar que sim. Mas, se você entrar em uma comunidade e conhecer quem mora lá, será capaz de perceber que é apenas uma pequena minoria que trilha o caminho do crime.

Não é o ambiente que define você, e sim o volume desse ambiente que você permite que te influencie.

Você já viu alguém nascer em uma família rica e abastada e morrer sem um tostão?

Ambientes definem destinos ou semeiam ideais sobre ele?

3. A MATÉRIA-PRIMA QUE TENHO

Todos nascemos com uma habilidade natural. Eu chamo isso de matéria-prima. Alguns preferem chamar de DOM.

"Deus é eterno e, em todo este tempo sendo Deus, Ele nunca fez uma mesa. Não há relato que Ele tenha feito uma cadeira. Deus fez a árvore, a matéria-prima para criarmos o que quisermos a partir dela."

TD Jakes

Em uma de minhas palestras mundo afora, perguntei ao público quem sabia tocar violão. Muitos levantaram as mãos. Então, continuei: "Quem aqui toca violão muito bem e é reconhecido por isso?".

Umas 4 pessoas continuaram de mãos levantadas.

Então, eu insisti: "Qual de vocês aprendeu a tocar estudando em um conservatório?".

Apenas 1 continuou de mãos levantadas. De 4 pessoas, apenas 1 teve que aprender a tocar o instrumento, as outras 3 nasceram com essa habilidade.

Da mesma forma, ninguém aprende em um conservatório de música a cantar afinado. Ou você é ou não é afinado. Na escola de música, você aprende técnicas para potencializar o que já sabe fazer naturalmente. Isso é matéria-prima.

Quando você descobre o que sabe fazer naturalmente bem, isso é mais um passo na descoberta de seu destino.

Em geral, seu futuro está ligado às coisas que você nasceu com inclinação para fazer. Na teologia, chamamos isso de dom. Um presente divino para você!

Há habilidades naturais e outras aprendidas. Ambas são importantes para o seu futuro.

No primeiro teste para entrar em uma equipe de elite da polícia do Rio de Janeiro, o exercício é complexo:

Pela madrugada, acordam os candidatos e todos são jogados em um rio frio e profundo. Assustados pela escuridão, com o frio e sem colocar os pés no chão por causa da profundidade, muitos se desesperam e pedem para sair. Outros desmaiam de terror, outros choram e gritam sem parar. Porém, uma parte fica parada e sobrevive calada.

Toda essa experiência coopera para selecionar quem será um policial de elite, pois se manter calmo em uma situação de extremo perigo deve ser antes de tudo a matéria-prima do soldado.

Policiais me relataram que nessa "guerra civil" travada na cidade do Rio de Janeiro, os policiais são provados a todo momento.

Em vários confrontos com traficantes, membros da equipe policial que avança na favela temem o barulho dos tiros e não suportam a sensação de morte. O medo os toma, e eles, literalmente, entram em choque antes mesmo de ficarem cara a cara com os bandidos.

Quem não identificou sua habilidade natural para fazer o que precisa ser feito pode atrapalhar a vida de quem sabe fazer. Há pessoas que dizem: "Eu não possuo nenhuma habilidade natural", mas não é a verdade.

CARO LEITOR, isso não é possível. O que é possível é que você nunca tenha tido a oportunidade de escavar dentro de si até encontrar a sua habilidade natural.

Existem várias formas de fazer essa busca. Repare nos casos de grandes cantoras do cenário mundial, como as norte-americanas Whitney Houston (1963-2012) e Katy Perry. Elas cresceram em ambientes, no caso delas uma igreja, que possuíam coral de vozes, grupo de música, oportunidades e incentivos musicais.

Há também exemplos como a brasileira Sandy, que fez dupla com o irmão Junior por anos. No caso dela, foi o ambiente de sua casa – seu pai é um famoso cantor brasileiro – que provocou a escavação interior até que o dom fosse encontrado.

Então, acredite: o ambiente ao qual você foi ou é exposto pode frear ou acelerar o processo de descoberta de sua matéria-prima.

Nossa capacidade intelectual é limitada e não conseguimos escolher os ambientes que iremos frequentar pensando no futuro, principalmente quando somos crianças e adolescentes.

É por isso que algo maior sempre está conspirando a nosso favor.

Constantemente, a força divina, nos alinha com o destino correto.

EXERCÍCIOS

- Quais foram as palavras que mais lhe marcaram na vida, positiva ou negativamente?
- Quem as declarou?
- Você acreditou nelas?
- Você já permitiu que alguma experiência fosse um divisor de águas em sua vida negativa ou positivamente?
- Você já descobriu qual é a sua habilidade natural, a sua matéria-prima?
- Escreva em poucas linhas QUEM SERÁ VOCÊ daqui a cinco anos.

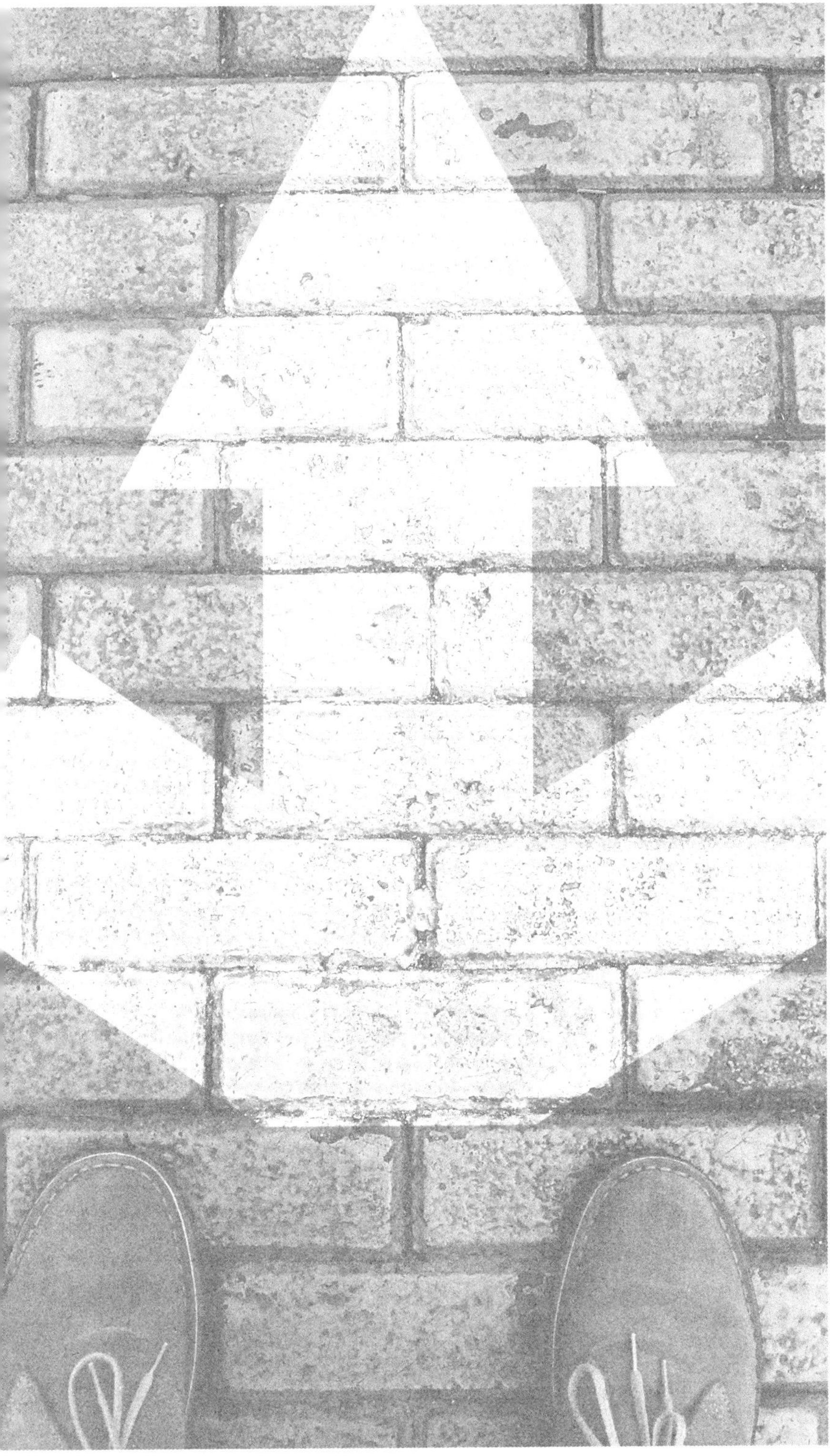

Zona de Expulsão

Plano transcendental e conspiração divina

> Meus inimigos não tinham ideia do que faziam quando me expulsaram da minha zona de conforto direto para o meu destino.
>
> *Tiago Brunet*

Há uma ideia popular de que o destino é uma força cósmica, vinda do além, contra a qual não podemos fazer absolutamente nada. O senso comum presume que o que essa força manda ou determina, acontece. No mundo árabe, por exemplo, chamam isso de "Maktub", que quer dizer: "Tudo já está escrito".

No entendimento de muitos no Oriente, nós apenas seguimos o fluxo deste *karma*, aguardando para ver até onde ele nos levará. Mas, pelo que descobri e estou vivendo, não é bem assim que funciona.

O destino não é uma força oculta que cegamente determina nosso caminho com fracassos e sucessos, quedas e progressos. Há, sim, intervenções humanas que podem desviar rotas já traçadas. Também devemos considerar que não somos nós que, simplesmente, determinamos o nosso próprio destino: ele de alguma forma nos escolhe. Só que nossas decisões – preste atenção nisso –, podem mudar o plano transcendental. Sim, os céus podem conspirar a seu favor e, mesmo assim, ainda que inconscientemente, você pode rejeitar esse plano.

Muitos de nós, involuntariamente, fomos "expulsos" de nossa zona de conforto, de nosso lugar de segurança, de nossas origens. E sem esse "empurrão", jamais viveríamos nosso destino.

O que chamo de conspiração divina é a força que nos "desvia" para o caminho certo quando insistimos em pegar os atalhos sombrios de nossa existência. Podemos ter a intenção de ir a algum lugar, mas isso não quer dizer que chegaremos lá. Concorda?

Há obstáculos na estrada da vida que não conhecemos previamente. Por isso, reforço a importância de consultar quem já nos viu no futuro: o Arquiteto de tudo, Aquele que escreve o futuro, o nosso GPS.

Ouso dizer que Deus tem o lápis, e nós, a borracha!

Faço muitos planos de bem para os meus três filhos. Escrevo o futuro profissional deles, sonho com a prosperidade e a relevância de cada um. Mas nada disso garante que eles não usarão a borracha de suas decisões para apagar o que escrevi. Todos podem reescrever o seu futuro. E isso serve tanto para o bem quanto para o mal.

A TEORIA

Ao longo dos anos trabalhando com pessoas que procuram ajustar suas vidas, equilibrar seus potenciais e desenvolver seus talentos, a fim de encontrar realização pessoal e profissional, desenvolvi uma teoria que se chama Zona de Expulsão.

Cheguei a essa conclusão depois de estudar profundamente a vida e a trajetória de vários personagens bíblicos e de heróis modernos, comparando e observando como eles também foram alvos dessa involuntária expulsão. E esse movimento que, na hora, parecia nocivo para eles, foi o que os colocou no lugar exato da promoção pessoal e do sucesso.

Embora tivessem trabalhado para um fim determinado, muitos deles, mesmo reunindo capacidades e habilidades especiais, não tiveram êxito por si só. Foi preciso haver o encontro com a conspiração divina para que as coisas realmente acontecessem.

Neste capítulo, quero dar alguns exemplos notórios que vão amadurecer a sua forma de enxergar certos acontecimentos.

A ocorrência da expulsão se dá sob determinadas circunstâncias, como a preparação pessoal vinculada a essa conspiração divina. Isto é, uma ação sobrenatural é exercida sobre a vida da pessoa.

Para, desde já, colocar seu pensamento alinhado à este raciocínio, extraio da história alguns exemplos incontestáveis: o caso de José do Egito, que foi vendido por seus próprios irmãos; o caso de Davi, quando foi general do exército de Israel e perseguido pelo próprio rei; e o caso de Martin Luther King Jr., líder da luta pelos direitos civis dos negros na América branca e racista, um herói moderno que foi expulso para dentro de seu destino.

Durante o processo de desvendar o seu destino, você precisará entender que, em geral, sair do local e do seu ambiente de origem, deixar a posição na qual sente confiança e conforto (ao menos, conforto emocional), é um indicativo de que você está prestes a viver aquilo que nasceu para viver.

Há pessoas que relutam em deixar a posição de sempre, por vários motivos: insegurança, medo do desconhecido, por se imaginarem incompetentes a dar o próximo passo, por temerem expor a própria imagem diante da sociedade e, com isso, serem julgadas.

São vários os fatores que prendem uma pessoa ao seu local de origem, e é por esse motivo que elas precisam de uma "expulsão". Do contrário, ficariam estagnadas e jamais avançariam, mesmo tendo condições para isso.

> Um homem cego não necessariamente está perdido. Há outras formas de ser conduzido ao seu destino além da visão.
>
> Quando não enxergamos o próximo passo, podemos ser guiados de forma divina por outros estímulos para encontrar o caminho certo.

Davi era apenas um pastorzinho das poucas ovelhas de seu pai e, após uma grande vitória, como falamos anteriormente, tornou-se líder do poderoso exército de Israel. Este já fora um salto e tanto de status e popularidade.

Você acha que, depois disso, ele ainda aspiraria ser rei? "Em time que está ganhando, não se mexe", diz o ditado popular. Se Saul, o então rei de Israel, não o perseguisse e o expulsasse de Israel, ele seria apenas um oficial do exército para sempre. E o próximo rei, provavelmente, seria um filho de Saul.

Quando estava desenvolvendo a Teoria da Zona de Expulsão, analisei a minha própria experiência e vi que eu também havia experimentado esse quadro em minha trajetória.

Minha Zona de Expulsão

Morei no Rio de Janeiro quase toda a minha vida. As conexões pessoais mais preciosas para mim estavam lá: minha segurança emocional estava ancorada na cidade maravilhosa. O meu trabalho e fonte de sustento, os meus laços familiares e meus amigos mais íntimos estavam lá.

O meu estilo de vida era carioca (na verdade, carioquíssimo). Eu jamais pensei em deixar o meu Rio de Janeiro. Estar lá era confortável do ponto de vista emocional, social e econômico.

Era gostoso viver perto dos meus pais, ver regularmente os meus amigos de infância e trabalhar na empresa que fundei anos antes. No Rio de Janeiro, eu sentia que tudo estava em ordem. Sem progresso, mas em ordem.

Até que as coisas começaram a desmoronar.

Eu não entendi nada. Foi muito rápido!

A empresa desandou, os negócios começaram a cair, meus amigos simplesmente desapareceram, outros me traíram. Dívidas apareceram, fui processado várias vezes, meu nome começou a ser difamado e as pessoas me olhavam de longe e cochichavam pelos cantos.

Tudo ficou insuportável!

Não sabia o que fazer. Eu estava desesperado e me sentia injustiçado. Perguntava para mim mesmo: "O que eu fiz?". Reclamava com Deus: "Eu mereço isso?".

Depois de nove meses de apertos, difamações e fofocas, não só perdi a empresa e meus amigos, mas até pessoas da igreja que eu frequentava, que deveria ser abrigo para meu sofrimento, conspiraram para a minha expulsão.

No meio de toda essa quebra financeira, social e emocional, fui a São Paulo convidado por um amigo que morava na cidade. Ele me ligou, pois sabia que eu havia estudado sobre desenvolvimento pessoal nos Estados Unidos e, então, desafiou-me a dar um treinamento à sua equipe (foi um dos primeiros que realizei sobre *coaching*).

Fazia pouco tempo que acabara o mestrado, em Orlando, na Flórida, e me chega este convite para, semanalmente, instruir um grupo de empresários nessa metodologia que ficava cada vez mais forte no Brasil.

Entendi que algo maior estava à frente de todo aquele desespero e também da oportunidade de sair dele. Compreendi a conspiração a meu favor.

Pedi alguns sinais ao Arquiteto do Destino. Orei para que Ele sinalizasse se eu estava no caminho certo dessa vez. Os sinais chegaram de várias e incontestáveis formas e, naquela mesma semana, me mudei com toda a minha família para São Paulo.

Não escolhi São Paulo. O destino escolheu!

Em algum momento de cada história pessoal, nós somos chamados a caminhar pela estrada e tomar o rumo que nos levará ao futuro. É um convite inesperado, mas que muda toda a nossa trajetória.

Destino é tudo!

Eu não quero antecipar a história dos judeus que será vista adiante, mas você sabe quem foi a pessoa que deu origem ao povo judeu? Foi o patriarca Abraão, cerca de 1.800 a.C.

Hoje, quando olhamos essa potência e tesouro de inovações científicas e tecnológicas que é o povo judeu, precisamos dar o crédito a esse homem chamado Abraão, que também foi alvo da conspiração divina e teve que ser expulso de uma zona de conforto.

E como isso aconteceu? Os judeus surgiram no cenário internacional do mesmo modo que todas as pessoas que experimentam o que chamo de Teoria da Zona de Expulsão: Abraão foi chamado a entrar na estrada e partir para uma terra que ele desconhecia.

Abraão era casado com Sara. Ele era um homem idoso para os nossos padrões, mas ouviu e obedeceu a uma voz que o orientou a iniciar uma caminhada, uma viagem. Ele já era velho e podia ter ficado onde estava. Seria mais cômodo. Mas ele decidiu seguir o que a voz lhe disse e saiu de sua zona de conforto, rompendo laços em três áreas fundamentais:

- Seu lar primário: pais e irmãos.
- Os vínculos familiares mais próximos depois de sua família nuclear.
- Seus amigos e relacionamentos sociais mais amplos

Ora, o Senhor disse a Abraão: Sai-te da tua terra, da tua parentela e da casa de teu pai, para a terra que eu te mostrarei.
(Gênesis 12:1)

A providência divina não mostrou a Abraão o rumo de sua nova jornada. Não havia um "mapa da mina", uma bússola, um GPS ou Waze. O desafio era romper pessoalmente os laços, tomar a iniciativa e dar o primeiro passo.

O plano transcendental não mostrou nada a Abraão até que ele saísse do lugar de origem. Isso é fantástico e serve para nos ensinar que o primeiro passo é uma decisão pessoal.

É importante saber que podemos tomar decisões. Temos o livre-arbítrio!

Ter fé é dar passos no escuro acreditando que você não irá cair!

Normalmente, escolhas são feitas por pessoas que reúnem condições de fazer avaliações preliminares de risco e benefício. Então, quando somos desafiados ou "expulsos", temos a primeira grande chance ou oportunidade de nos convencermos de que já reunimos as primeiras ferramentas para o sucesso na jornada que iremos começar.

A pessoa que não entra voluntariamente na estrada rumo ao seu destino, precisa ser expulsa para ela. Alguém ou algo deverá dar um "empurrão". Faz parte da conspiração divina a seu favor!

Pare e pense sobre a sua Zona de Expulsão: quando foi despedido do trabalho sem motivo algum; quando você não fez nada e, ainda assim, foi perseguido; quando começaram a te odiar só porque você tinha algo melhor ou diferente do que todos ao seu redor. Lembra-se de algo assim em sua vida?

É O EU QUE SEMPRE DIGO

Pessoas vindas de países diferentes me procuram para perguntar: "Tiago, nosso destino está traçado ou podemos construí-lo?".

Diante dessa pergunta, eu sempre respondo:

"As duas coisas!"

Acredito que cada ser humano nasce num plano divino, com um destino profético. Quando pessoas estão no caminho certo de sua peregrinação aqui na Terra, temos famílias saudáveis, empresas de alto nível, uma sociedade mais próspera e avançada. Temos um destino alinhado e uma humanidade em evolução!

Quanto mais pessoas atendem a sua vocação profética e servem naquilo em que foram chamadas, mais rica é a experiência e mais valores elas produzem juntas.

Estou convencido de que existem coisas neste mundo que só você (você mesmo que está lendo este livro) seja capaz de realizar.

Há uma história individual para cada um de nós realizarmos na Terra, uma história pela qual TODOS seremos beneficiados.

Se cada um de nós nos encaixarmos na história, usando nossos melhores talentos, com o vigor que este algo maior nos dá, o que poderá nos impedir de construirmos um mundo melhor?

Faremos a diferença em nossa geração, em nosso tempo e inauguraremos tempos melhores do que os que foram vividos até hoje. Acredite!

> Suas decisões podem potencializar ou paralisar este plano transcendental para a sua vida.

Não sou nenhum guru ou profeta futurístico, mas conversar dez minutos com alguém me permite prever o destino dessa pessoa. Não se trata de algo místico que carrego comigo, mas estatísticas não falham, e eu conheço algumas pesquisas e desenvolvi faro (ou *feeling*) para antecipar determinados resultados.

Além disso, há mecanismos para testar o que estou falando. Para isso, eu disparo perguntas como:

- ❖ Como você se vê daqui a quinze anos?
- ❖ O que está fazendo hoje para que esse "sonho" aconteça?
- ❖ Qual é o propósito que resume tudo o que você faz?
- ❖ Quem são os seus mentores?

Então, fazendo uma avaliação mental rápida a partir das respostas que recebo, é muito fácil descobrir se a pessoa já está na estrada rumo ao lugar desejado – que é o nome de um dos meus livros – ou se ainda está na sua zona de conforto e precisa ser expulsa de lá.

Se seu destino é ser presidente da República, vou descobrir isso desvendando com quem você caminha, quem são os seus mentores, qual é o seu propósito de vida e como você se vê daqui quinze anos. Entendeu?

Não adianta dizer "Eu me vejo, daqui quinze anos, como presidente", se os seus mentores não são políticos ou pensadores, se o seu propósito de vida não é servir o coletivo, se você não está trabalhando desde já para que o seu sonho se realize. Percebe?

> Destino é tudo!

Mas considere o seguinte: a Teoria da Zona de Expulsão só é válida quando você não fez nada que o coloque na estrada. Há pessoas que são perseguidas e expulsas de seus lugares de conforto, porque estão colhendo o que plantaram. As leis (naturais e espirituais) existem e estamos sujeitos a elas.

Se você não estiver entendendo o motivo de tanta perseguição, calúnia, difamação e convites para se retirar de onde está no presente, é provável que você esteja vivendo nessa zona. Em outras palavras: está bem próximo de você ser "catapultado" para o seu destino.

Quando isso acontecer, saiba que algo maior está agindo sobre você para que alcance o seu destino.

A seguir, quero dar alguns exemplos históricos de personalidades mundialmente conhecidas que tiveram a experiência de serem expulsas de sua zona de conforto e segurança.

JESUS FOI EXPULSO DE NAZARÉ

Hoje em dia, muitas pessoas sabem que Jesus foi apelidado de Nazareno por ter vindo da cidade de Nazaré. Apesar de ter nascido em Belém, ele foi criado em Nazaré, uma cidade que atualmente tem aproximadamente 70 mil habitantes, localizada ao norte de Israel.

Nos tempos de Jesus, Nazaré era uma aldeia minúscula e insignificante. Nada que pudesse ter algum valor histórico, religioso, econômico ou político havia surgido naquele local. Porém, isso mudou quando Jesus foi morar lá.

Na época, a Palestina já passava por momentos de tensão, com revoltas populares, desemprego, ação de milícias e tentativas de rebelião contra o governo estrangeiro do Império Romano.

Jesus era o nome que poderia reverter aquele quadro em favor dos judeus. Essa era uma missão muito difícil e específica. Não era para qualquer um, mas era para Ele. A sequência da história de expulsão de Jesus é a seguinte: Ele ouviu que João estava batizando e foi para a região do rio Jordão.

Depois de ser batizado nas águas, Jesus seguiu para um retiro espiritual por quarenta dias no deserto da Judeia. Lá, certamente, ele teve experiências e preparo que o habilitariam para o início de sua missão. Mas, em vez de partir numa jornada rumo a capital do país, Jerusalém, Jesus voltou para a pequena aldeia de Nazaré.

No Evangelho de Lucas 4 é possível ler que ele começou a circular pelas cidades na região e sua fama foi aumentando dia após dia.

É interessante que você observe esse ponto. A fama alcançada por Jesus na região poderia tê-lo seduzido. Apesar desse assédio, não estamos dizendo que ele ficou encantado com a recepção e procura de seus conterrâneos. Temos que estar atentos para que não sejamos vítimas de uma fama inicial que pode atrapalhar a nossa rota, nos afastando do sucesso maior que vem pela frente.

Então, num sábado, que é o dia reservado para as atividades religiosas dos judeus, Jesus entrou em uma sinagoga, onde todos se reuniam uma vez por semana para estudar os textos sagrados. Naquele lugar, ele recebeu o livro escrito por um profeta e leu o seguinte trecho:

O Espírito do Senhor é sobre mim, pois ele me ungiu para evangelizar os pobres. Enviou-me a curar os quebrantados de coração, a pregar liberdade aos cativos e restauração aos cegos. A pôr em liberdade os oprimidos, a anunciar o ano aceitável do Senhor.
(Lucas 4:18-19)

Isso era uma profecia que havia sido feita setecentos anos antes. O momento era especial e havia chegado a hora de os judeus e a nação toda retomarem o poder, caso conseguissem fazer uma leitura adequada e correta do seu tempo e daquilo que estava acontecendo com eles.

Mas quem poderia fazer essa leitura corretamente? *Você só reconhece aquilo que entende.*

É no mínimo intrigante que você espere algo grandioso, libertador, avassalador, algo que mude sua vida por completo e de uma vez por todas, e quando isso acontece ou está prestes a acontecer, você não consegue fazer uma leitura correta dos fatos.

Você não é capaz de entender as ocorrências que estão lhe envolvendo, envolvendo suas ações, suas forças, energias e expectativas. Às vezes, até interpreta negativamente aquilo que seria a catapulta para o seu futuro.

Por vezes, observo pessoas que passam tanto tempo aguardando algo específico acontecer, mas que a própria expectativa as deixam cegas para os fatos. A pessoa se concentra na expectativa, foca demasiadamente no alvo e se esquece de olhar ao redor e fazer uma leitura realista do desenvolvimento de sua vida. Pessoas que fixam um ponto no infinito e não tiram seus olhos de lá para olhar ao lado, para aquilo que está sendo construído por ela e por aqueles que querem o seu bem e esperam pelo seu sucesso. Afinal, a vida acontece à sua volta.

É triste isso, porém é mais comum do que pensamos. Lembre-se:

> **O destino só é celebrado se o processo valeu a pena.**

Não precisa ser solitário e sofrido. Mantenha o foco, mas compartilhe a vida enquanto você está perseguindo seus objetivos. Faça o processo valer a pena!

Voltemos ao episódio de Jesus. Depois de ler aquele texto sagrado e dizer que aquelas palavras proféticas estavam se cumprindo e que, portanto, o tempo de comemorar havia chegado, os judeus que o ouviam ficaram revoltados por considerar Jesus petulante e pretensioso.

Como poderia ele, um pobre judeu de Nazaré, vindo de uma aldeia insignificante, arrogar para si o título de libertador de um povo milenar?

Mal sabiam aquelas pessoas que Jesus estava falando a verdade porque os olhos delas estavam vidrados em condições sociais: nada de bom poderia vir de Nazaré, nenhum artesão ou carpinteiro poderia realizar uma revolução militar ou política, nenhum anônimo seria capaz de romper com o poder religioso da capital Jerusalém.

E, assim, esses adversários perseguiram Jesus, arrastaram-no até uma colina para atirá-lo de lá, mas ele conseguiu escapar. A expulsão de Jesus pelos habitantes de Nazaré marcou o início de sua caminhada por outras cidades. O passo seguinte foi dado em Cafarnaum, onde ele realizou muitos de seus milagres e montou a base de seu ministério. De Cafarnaum a fama de Jesus correu até a Síria.

Entendeu?

Quando os moradores insistiram para que ele ficasse na cidade, ele respondeu:

Também é necessário que eu anuncie a outras cidades o evangelho do reino de Deus; porque para isso fui enviado.
(Lucas 4:43-44)

Os moradores de Nazaré perderam, mas foi dessa forma que o mundo ganhou.

DAVI FOI EXPULSO DO PALÁCIO E DE ISRAEL

Se o plano transcendental traça o destino, então será preciso que uma expulsão, provocada por algo maior, ocorra para que o destino seja alcançado. Seres humanos se acostumam com conforto e com a ordem de quando tudo vai bem. Por isso, a Zona de Expulsão é um estágio obrigatório para quem tem um destino profético.

A conspiração divina pelo destino de Davi dizia que ele seria "o" rei entre todos os reis de Israel. Essa força afirmava que Davi seria o rei que gozaria de maior consideração entre os israelenses e judeus até os dias de hoje.

Em Israel, a pessoa responsável por nomear reis naquela época era Samuel, um profeta, como falamos anteriormente. Ele era um homem respeitado por ouvir a voz do Deus de Israel. E foi ele quem recebeu a incumbência e realizou a cerimônia, dando a Davi as credenciais para isso, mesmo Saul ainda ocupando o cargo de rei.

Naquele tempo, Saul reinava em Israel, porém era um rei fraco, desorganizado e despreparado. Ao contrário dele, Davi era dinâmico, tinha visão de futuro, era carismático, destemido e espiritualmente à frente de seu tempo.

Porém, Davi estava no lugar errado para as coisas acontecerem. Era preciso tirá-lo de lá. Era preciso uma expulsão. Ele por si só jamais tomaria o reino. Certamente, não moveria uma palha para algo acontecer.

Mas poderia um pastor de ovelhas malcheiroso, que passava os dias afastado dos centros de poder e de tomadas de decisões, vir a ser um histórico rei?

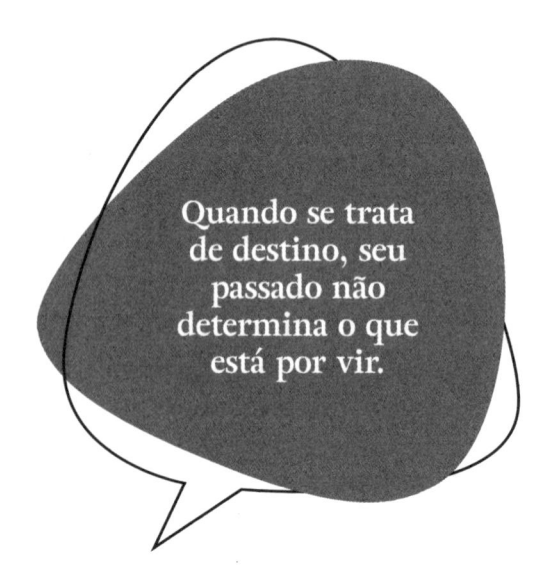

> Quando se trata de destino, seu passado não determina o que está por vir.

Foi aí que um dos piores inimigos veio atacar os judeus: o povo filisteu. Ninguém em Israel podia superá-los num combate homem a homem, até que Davi, um franzino adolescente, sentiu-se ofendido com a afronta feita por um dos inimigos. E mais: viu que nenhum dos soldados da nação tomava uma atitude.

Passando por cima da hierarquia militar, Davi se lançou no campo de batalhas e deixou todos desesperados, porque pensavam que ele seria esmagado pelo soldado filisteu chamado Golias.

O que ninguém sabia era que Davi tinha experiências pessoais que fariam a diferença na hora certa. Ele havia sido pastor de ovelhas e como tal precisou proteger o seu rebanho, livrando-o de ataques de leões e de ursos. Isso ninguém sabia, era um diferencial do jovem.

Como ele havia vencido um leão e um urso? Com uma técnica própria.

E essa técnica, agora, seria aplicada na luta contra o gigante Golias. Dito e feito: com um único golpe, Davi derrubou o soldado de quase 3 metros de altura e, ao voltar do campo de batalha, as mulheres começaram a cantar e dançar em sua homenagem: "Saul matou milhares, mas Davi seus 10 milhares...".

O pequeno Davi era um herói. Ele havia matado o gigante que estava desafiando e amedrontando o exército de Israel. Era para ser exaltado por todos. Só que, como falamos no primeiro capítulo, aquele refrão, cantado a plenos pulmões em Israel, irritou Saul. E dali em diante, o então rei de Israel passou a invejar e a planejar a morte de Davi.

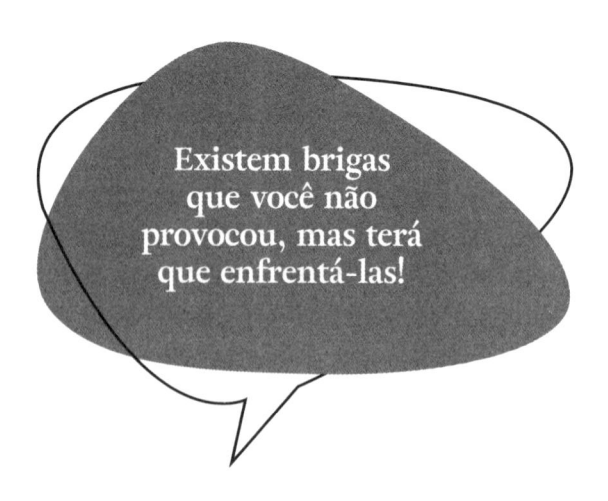

> Existem brigas que você não provocou, mas terá que enfrentá-las!

No dia seguinte, Davi estava no palácio do rei tocando um instrumento musical a pedido do próprio Saul, quando este tentou por duas vezes encravá-lo na parede com uma lança. O processo de expulsão havia começado até que Saul "afastou Davi de sua presença e deu-lhe o comando de uma tropa de 1.000 soldados, e Davi a conduzia em suas campanhas" (1 Samuel 18:13).

Davi possuía preparo, mas estava invisível atrás de um rebanho de ovelhas. Ele tinha a técnica, porém não tinha a oportunidade. Então, quando a situação é essa, somente algo superior, o Arquiteto da obra de nossa vida, é capaz de nos catapultar para dentro do nosso destino.

Deus tem interesse que vivamos o nosso propósito aqui na Terra.

Davi foi rei de Israel quando a nação era mais um império internacional do que um pequeno país no Oriente Médio e o seu reinado durou quarenta anos.

E foi isso que aconteceu a Davi e com outros heróis bíblicos e contemporâneos.

José foi expulso de sua família e de sua nação

Um dos personagens da história que mais gosto de estudar e do qual consigo tirar muitas lições de vida é José, filho de Jacó, mais conhecido como José do Egito. José se assemelha a Davi por ser o caçula entre vários irmãos e por ser de uma família de pecuaristas.

A Teoria da Zona de Expulsão parece ter sido construída para ser aplicada à vida dele. José sofreu duas expulsões fundamentais para que saísse da barra de sua família e alcançasse o topo do mundo. José saiu do meio de uma família de nômades mesopotâmicos para liderar o Império Egípcio no seu período áureo.

Como isso aconteceu?

Sofrendo expulsões de sua zona de conforto e segurança.

Ou seja, se soubéssemos pelo que teríamos que passar para alcançar o nosso destino, desistiríamos de tudo. Por isso, a Zona de Expulsão é obrigatória. É a única forma de você realmente ir para onde deveria estar.

A primeira expulsão aconteceu quando os irmãos dele levavam os rebanhos do pai para pastar em campos muito distantes de casa. Jacó mandou que José levasse comida aos irmãos, que tinham inveja do caçula, pois ele era paparicado pelos pais.

Eles desconfiavam que José seria um herdeiro que teria alguns privilégios a mais, visto que desde cedo o pequeno costumava ganhar os melhores presentes.

Caro leitor, sempre irão te perseguir, furiosamente, se você tem essas 3 coisas que eram parte da vida de José, segundo Gênesis 37:3-5:

- Ser muito amado por alguém.
- Ter uma túnica colorida (algo que chama atenção para você).
- Ter um sonho.

Quando os irmãos de José o viram chegando de casa com comida para eles, planejaram matá-lo longe da vista dos pais. No entanto, o irmão mais velho, temendo os efeitos de ser cúmplice de um assassinato, sugeriu apenas jogá-lo em um buraco e deixá-lo lá à própria sorte.

No instante em que resolveram executar o plano, passou pelo caminho uma caravana de mercadores que seguia em direção ao Egito. Então, os irmãos de José mudaram de ideia e resolveram vendê-lo como um escravo. José foi praticamente expulso de sua família pela loucura de seus irmãos e levado para o Egito.

Na nova terra, foi comprado por um chefe da guarda egípcia e começou a trabalhar como braço direito desse poderoso homem. Mas nada seria tranquilo: a esposa do chefe se apaixonou por José e queria ter um caso com ele. José se negou e, então, a mulher indignada diante da rejeição, armou uma emboscada, fazendo com que ele fosse preso injustamente.

José não tinha como saber, mas a providência divina estava sendo generosa ao dar mais um empurrãozinho para que ele se aproximasse de seu destino. Ele não havia sido escolhido para levar comida para irmãos que não o valorizavam, nem para ser empregado na casa de um oficial do Império. O destino reservava algo melhor para aquele jovem com espiritualidade sensível e sabedoria refinada.

Na prisão, ele conheceu funcionários do alto escalão do governo egípcio, dois homens de confiança, servos diretos do faraó (título dado aos reis do Antigo

Egito). Um deles, antes de ser preso, trabalhava como copeiro, que conforme os costumes daquele tempo, era quem servia bebidas ao faraó depois de já tê-las provado. Ou seja: se a bebida estivesse envenenada, quem morreria seria aquele serviçal, e não o faraó. Portanto, o poderoso líder dos egípcios confiava sua própria vida no serviço de seu *maître*.

Certa manhã, na prisão, aqueles homens contaram que tiveram um sonho durante a noite, e José conseguiu dar uma interpretação bastante razoável para o que lhe fora contado. A explicação de José previa o que aconteceria no futuro com cada um daqueles homens. Não demorou muito para que eles percebessem que José tinha uma capacidade além do normal. Logo nos dias seguintes, as previsões de José, em ambos os casos, realizaram-se. Em meu livro *O maior poder do mundo* explico sobre o poder da sabedoria, algo que você precisa adquirir para viver uma vida extraordinária apesar dos dias difíceis.

Dois anos depois, foi a vez de o próprio faraó sonhar. Um daqueles colegas de cela de José já havia deixado a cadeia e voltado a trabalhar diretamente com faraó, e quando soube do sonho do soberano egípcio, logo se lembrou de José, o rapaz da prisão que interpretava sonhos.

O destino mandou chamar José e ele foi. Depois disso, José nunca mais voltou para a cadeia, nem para a casa do oficial onde havia trabalhado. Ele foi capaz de decifrar o sonho do faraó e virou o segundo homem mais poderoso do país mais forte da época.

Duas expulsões, uma oportunidade e a glória!

Pelo resto de sua vida, José administrou o Império, ajudou a sua família, irmãos e pais, sem nenhum tipo de vingança e promoveu uma ação político-social impressionante num período de grave crise no início de seu governo.

O destino criou circunstâncias duras, de expulsões, mas favoráveis e grandiosas. José aguardou o tempo certo para as coisas acontecerem, pois havia tido um sonho quando era jovem, e o sonho traçava o seu destino. Ele não "abraçou" a primeira oportunidade de prazer e vida boa oferecida pela mulher de seu chefe, ele não se negou a cooperar com seus companheiros quando estava numa situação aparentemente desfavorável. Quando foi chamado à presença do faraó, ele deu o seu melhor: respondeu ao que fora perguntado e apresentou um planejamento para tirar o país da crise.

José teve uma ideia e sabia como executá-la!

Sua ideia não serve muito se você mesmo não sabe colocá-la em prática.

Os judeus foram expulsos de sua terra 70 d.C.

Os judeus são poderosíssimos hoje, mas, para isso, tiveram que enfrentar a sua própria Zona de Expulsão também.

Depois dos dias de Jesus, como vimos há pouco, passado um longo período de tensões, os romanos tramaram uma invasão definitiva contra Jerusalém, a capital de Israel. O então general Vespasiano montou um cerco a partir do ano 66 d.C., esmagando a sociedade, impedindo a entrada de suprimentos, alimentos e água.

A organização do comando político acabou mudando anos depois, com a morte do imperador Nero, em 68 d.C. Com isso, no ano seguinte, Vespasiano, o autor do cerco de Jerusalém, virou imperador e precisou voltar para a capital do Império Romano. Ele, então, nomeou seu filho Tito como líder das tropas militares para que a operação contra os judeus prosseguisse.

Tito conseguiu romper a barreira das muralhas de Jerusalém em 70 d.C., destruindo tudo o que encontrou pela frente, especialmente o Templo, que foi incendiado por ser considerado o foco das tensões no país.

A população judaica foi perseguida e expulsa de Israel e só pôde voltar a fazer peregrinações ao Templo, em Jerusalém, no século IV, quase trezentos anos depois da expulsão imposta pelos romanos. A historiadora Karen Armstrong disse que desde então o "exílio se tornou um tema constante e doloroso"[1] na vida dos judeus.

Ao longo da história, foram registradas expulsões de judeus, literalmente falando, dos seguintes países da Europa e nos seguintes anos: "De Viena e Linz, na Áustria, em 1421; de Colônia, em 1424, de Augsburg, em 1439, da Baviera em 1443, todas na Alemanha; da Morávia, na República Tcheca, em 1454; de Perugia, em 1485, de Vicenza, em 1486, de Parma, em 1488, de Milão, de Lucca em 1489, e da Toscana, em 1494, essas na Itália"[2].

Karen Armstrong informa que "pouco a pouco eles se dirigiram para o leste, criando na Polônia o que acreditavam ser um lugar seguro. O exílio parecia agora uma parte endêmica e inevitável de sua condição".[3]

Você deve estar pensando: "Que desconfortável viver assim!". Sim, eu concordo. Ser expulso de sua origem não é legal, mas te alinha com o seu destino.

Durante a Segunda Guerra Mundial, a Polônia foi o inferno para qualquer judeu que lá estivesse, e entraria para a História como o país que abrigou o mais cruel campo de

---

[1] ARMSTRONG, Karen. *Em nome de Deus: o fundamentalismo no judaísmo, no cristianismo e no islamismo.* São Paulo: Companhia de Bolso, 2009, p. 26.
[2] Ibidem.
[3] Ibidem.

concentração e extermínio dos semitas: Auschwitz, nome alemão para a cidade polonesa de Oswiecim.

Não só a Polônia, mas outras regiões europeias, especialmente na Alemanha, onde os judeus seriam perseguidos e expulsos, e nos campos onde milhões deles seriam exterminados também entrariam para a História por terem sido palco de verdadeiros massacres: Bergen-Belsen, Buchenwald e Dachau.

Com mais de 6 milhões de judeus mortos de forma tão cruel há pouco mais de setenta anos, o destino parece não ter reservado o melhor para eles. É aí que terminamos este capítulo com o que é, provavelmente, o caso de expulsão que resultou na maior reviravolta da História.

Depois de enfrentar essa história de sucessivas expulsões, perseguições e mortes em massa, o povo judeu ainda perseguiu o seu destino, acreditando ser guiado pelo plano divino que trabalha para confirmar as promessas de que eles são o povo eleito por Deus. É importante não confundir o povo judeu com o governo do Estado de Israel.

Os judeus se destacam atualmente pelas inovações e avanços em praticamente todas as áreas do conhecimento humano, sobretudo na ciência.

Veja o que diz o site Morashá a respeito dos judeus e o Prêmio Nobel:

Uma rápida análise da lista dos agraciados com o Prêmio Nobel desde sua criação, em 1901, até hoje revela uma destacada participação judaica. Entre as 850 personalidades, 180 são judeus; e a maioria deles, 157, atuam nas áreas científicas.[4]

---

[4] Disponível em: http://www.morasha.com.br/judaismo-no-mundo/judeus-e-premio-nobel.html. Acesso em: 13 maio 2018.

Mas isso foi em 2011! Atualmente, já são quase 200 judeus laureados com o Prêmio Nobel! Levando em consideração que a população de judeus representa 0,2% da população mundial, devemos ficar surpresos com a capacidade de resiliência desse povo, com a força de superação, com a ação do plano superior sobre suas vidas e com o destino que foi desenhado para o século XXI.

Em 2018, os judeus completaram 70 anos da criação do Estado israelense na Palestina. Decorridos setenta anos, eles já são um país rico, próspero e de primeiro mundo. Eles podem ser comparados a qualquer nação superdesenvolvida da Europa ou da América do Norte, só que têm apenas 70 anos! Faça uma comparação simples com o Brasil, que já tem mais de 500 anos, e você saberá que há um destino diferenciado para aquele povo.

Você pode se voltar para o seu destino, preparar-se para superar os desafios, suplantar as barreiras e chegar ao topo. Qualquer um de nós pode fazer isso, desde que saibamos aproveitar a expulsão de nossas zonas de conforto e segurança.

> Os judeus passaram pela Zona de Expulsão, fruto de uma conspiração divina, para que fossem espalhados por toda a terra e salvassem gerações, como eles têm feito por meio de sua ciência e tecnologia.

Há pessoas que encaram os problemas como se fossem o seu destino. Não! Eles não são!

Os problemas servem para que você seja despertado para avançar, para sair da situação presente e partir rumo ao futuro desejado.

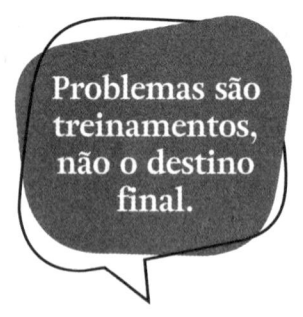

> Problemas são treinamentos, não o destino final.

Quem não entende isso, vive se lamentando. Perde tempo, confunde destino com circunstância. Circunstância é uma ocorrência que pode moldar a personalidade e melhorar o desempenho e habilidades, mas não representa o seu destino.

Para chegar ao seu destino, no entanto, você precisa dessas habilidades e competências.

Confundir as coisas não é a atitude mais inteligente em momentos de crise. Vejo muita verdade nesta afirmação da historiadora húngara Agnes Heller: "Embora não possamos conhecer nosso destino, podemos conhecer a nós mesmos, suficientemente bem, para podermos excluir pelo menos algumas possibilidades do leque de eventos potenciais do próximo ano".[5]

Eis outra afirmação – esta faz parte do meu livro *12 dias para atualizar sua vida* – que pode ajudá-lo a ajustar a forma como você deve encarar os acontecimentos do dia a dia:

---

[5] HELLER, Agnes. *Uma teoria da história*. Rio de Janeiro: Civilização Brasileira, 1993, p. 53.

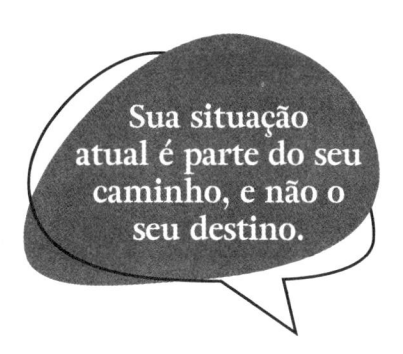

> Sua situação atual é parte do seu caminho, e não o seu destino.

Não tenha medo de sair do seu lugar de origem. Veja o que Satya Nadella, CEO da Microsoft, declarou em seu livro *Hit refresh*:

"Minha história só foi possível, pois tive coragem de deixar a Índia e imigrar para os Estados Unidos".

Mas Nadella não deixou a Índia procurando uma vida melhor na América. É que a Índia não possui escolas para dar suporte a quem quer estudar Tecnologia da Informação. Logo, imigrar para os Estados Unidos não foi bem uma escolha, e sim uma suave expulsão.

Como vimos, José foi vendido como escravo pelos próprios irmãos e se tornou o segundo homem mais importante do país naquela época; Davi foi perseguido e quase morto pelo rei que servia e se tornou o rei mais famoso de Israel até hoje; Jesus foi expulso da cidade de sua infância, perseguido pelos líderes religiosos da época e se tornou o homem mais conhecido do mundo. O Homem mais falado da História!

> Há um plano superior que transforma a hora mais escura das nossas vidas no ponto de partida para um futuro brilhante.

Lembre-se: "expulsão" sempre virá acompanhada de humilhação. E a instrução bíblica é clara quando diz que:
No lugar da vergonha, Deus nos dará dupla honra.
(Isaías 61:7)

E mais:
Os humilhados serão exaltados.
(Lucas 18:14)

Mas isso só vale para quem acredita.

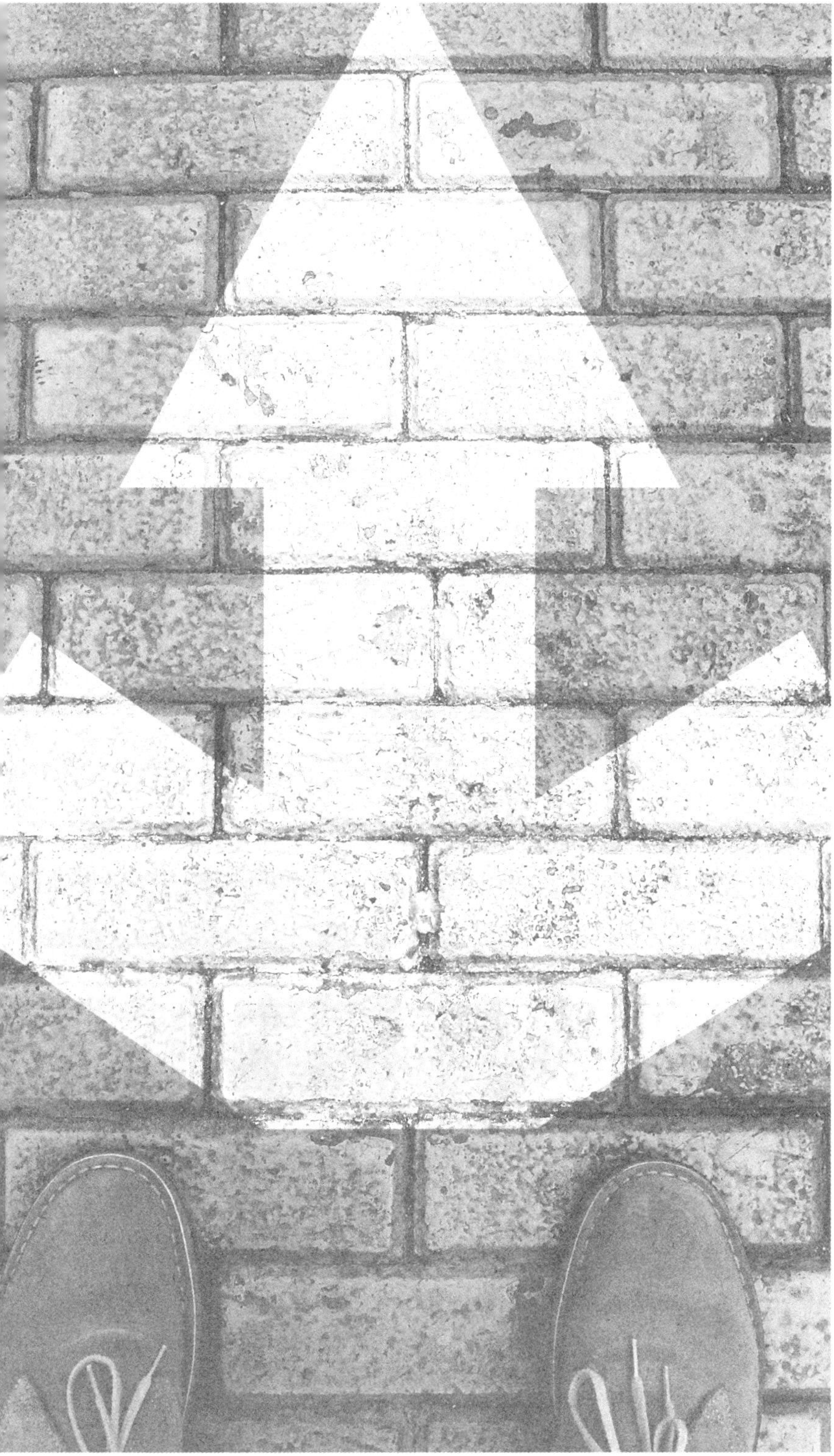

Pessoas e livros

A parte prática de desvendar o seu destino

"Um país se faz com homens e livros."

Monteiro Lobato

Quero provocar em você a vontade de refletir assim que terminar de ler este capítulo. Que seja algo que te mova e que faça com que seus olhos procurem conhecimento. Caso você não goste de ler, de viajar e nem de fazer amigos, prepare-se: a sua vida futura será mais difícil do que você espera.

Ao longo da minha experiência no campo dos negócios e entre homens bem-sucedidos, observei que aqui e ali sempre aparece um bom livro.

Uma boa dica de leitura é quase que obrigação nas reuniões de alto nível. É comum que um ou outro líder faça uma citação extraída de um clássico ou de um novo lançamento sobre *business*, desenvolvimento pessoal, filosofia ou qualquer assunto próximo. Ou seja, livros e homens andam lado a lado.

A biografia de homens e mulheres que marcaram a História tem espaço cativo nas prateleiras da biblioteca dos que querem desvendar e viver o seu destino.

No meu caso, por exemplo, foi a autobiografia de Martin Luther King Jr. que me inspirou a direcionar o meu talento e o meu propósito de vida para facilitar a vida de outras pessoas. Foi um livro do padre Fábio de Melo, chamado *O discípulo da madrugada*, que me desafiou a escrever sobre espiritualidade.

Já parou para pensar que há grandes produções de Hollywood que foram inspiradas pela leitura de grandes livros? Já se deu conta de que os detalhes e ensinamentos da tradição dos povos do passado, como os judeus que falamos no capítulo anterior, só chegaram aos dias de hoje porque foram preservadas em livros?

Em livros estão os registros dos fracassos e dos sucessos de pessoas mundialmente conhecidas. Sem essas páginas, certamente não teríamos chegado tão rápido onde estamos. Elas guardam atalhos. Essas obras incríveis são tão resistentes e resilientes que, mesmo depois da criação do livro digital, mantém viva a indústria do livro físico, o impresso.

Alguma vez você foi despertado para ler a biografia de alguém que se destacou em alguma área do conhecimento ou do empreendedorismo?

Cada área tem um ou dois nomes fortes, homens ou mulheres que sonharam estar em um destino desejado, que fizeram inovações, que quebraram conceitos e paradigmas que julgavam ultrapassados ou insuficientes e... *boom!*... Fizeram história!

Biografias e histórias de sucesso me estimulam, elas me incendeiam. Hoje, eu faço o que faço e do modo como faço não porque tenho uma mente brilhante ou sou uma combinação rara da genética. Mas sim, por causa (também) dos livros que li, das vidas e histórias que me foram permitidas conhecer.

A partir dos meus 13 anos de idade comecei a me interessar intensamente pela leitura de livros que contivessem algo que eu poderia saber e aprender. Uma observação importante é que isso não me foi imposto. A fome por conhecer mais sobre a vida de outras pessoas brotou em mim.

> Ler um livro é como ser mentoreado pelo autor.

Não importava tanto o tema. Se um livro despertasse o meu interesse, fosse pelo título, pela arte, pela imagem da capa, eu o apanhava e começava a ler. Se eu percebesse que nele havia alguma lição nova para mim, eu me mantinha estimulado até a última linha. Livros nos abastecem de informações.

Eu me importava com o repertório de conhecimento e trânsito por áreas novas, por linguagens diferentes, por associações impensadas. Tudo pode contribuir para a formação de uma pessoa com visão alargada, seja a meu favor, seja a seu favor.

Em 2008, tive depressão e ataques de pânico, como contei em meu livro *Rumo ao lugar desejado*. O que me ajudou a sair do fundo do poço foi ler livros do doutor e hoje amigo, Augusto Cury.

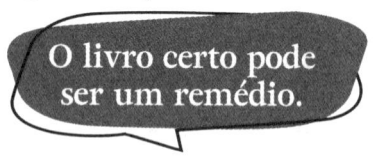

> O livro certo pode ser um remédio.

Os livros são bons amigos, mas somos seres humanos, seres sociáveis, que precisam preservar os contatos já existentes e criar novos a cada dia. Assim, também sou o que sou e faço o que faço do modo como faço (também) por causa das pessoas com as quais convivi. Cada uma dessas pessoas colocou um tijolo fundamental nessa construção chamada Tiago Brunet.

Sou o resultado do trabalho de cada uma das boas pessoas com quem mantenho amizade e um bom relacionamento da mesma forma que fui enriquecido pelo reflexo dos momentos delicados, constrangedores e até infelizes que tive com outras pessoas. Tudo foi útil para que a argamassa dessa construção se tornasse mais firme e segura.

Agora, olhe para você e reflita por alguns segundos: você já notou que quem você é hoje, também é o resultado dessas interações sociais e literárias?

Talvez mais sociais do que literárias, contudo ninguém se torna alguém por obra exclusiva da própria individuallidade. Somos a soma das experiências que temos e das influências que recebemos, desde o ventre de nossa mãe.

E olhando adiante, cada um de nós também dá uma contribuição singular para a formação e a modelagem do caráter de outras pessoas no meio social em que vivemos.

Em outras palavras, alguém ou algumas pessoas por aí carregam com elas uma parte de você, transmitida por relacionamentos, conversas e interações. E se você tiver escrito um livro, algumas de suas frases e ideias podem estar inspirando alguém nesse exato momento! Isso não é fantástico?

Livros e pessoas constroem pessoas. Não tenha dúvida de que esses dois agentes apontam destinos. Eles inspiram o futuro porque, tanto os textos quanto as pessoas, estão em movimento, testando, absorvendo, refletindo ou fazendo refletir.

Construa o seu próprio eu

Tenho certeza de que Monteiro Lobato (1882-1948), um dos maiores escritores brasileiros, autor do popular *Sítio do Picapau Amarelo*, sabia da importância dessa junção quando cunhou a frase: "Um país se faz com homens e livros".

Quando você lê um texto, precisa interpretá-lo. E quando o interpreta, você o faz dentro da sua própria experiência, dentro da sua própria bagagem cultural, social, política e pessoal. Assim, você pode dar novos sentidos a um texto, mesmo que ele tenha sido escrito há milênios.

É o que acontece quando lemos Platão ou Aristóteles, grandes pensadores gregos. É o que acontece também quando nos debruçamos na sabedoria milenar, na Bíblia.

O resultado é que um texto que estava aparentemente fixo, rígido, pronto, agora, com a nova interpretação (por intermédio de seus filtros mentais), irá ganhar novos sentidos, e isso poderá ser a indicação de destino que você tanto esperava.

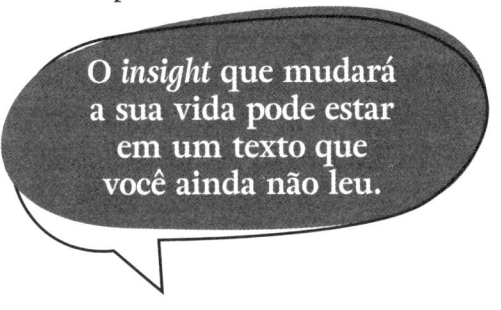

> O *insight* que mudará a sua vida pode estar em um texto que você ainda não leu.

Além disso, todo o ensinamento que você carrega dentro de si faz diferença na hora de compreender e absorver as informações que estão nas linhas diante de seus olhos. Você pode entender ou ser inspirado a criar algo, e seu vizinho, não.

O mesmo se dá com as interações pessoais. Por que você acha que boa parte do meu esforço na construção do meu perfil profissional foi gasto entrevistando grandes líderes?

Muitas vezes eu viajei de um país a outro apenas para fazer uma pergunta a alguém que estava no topo da pirâmide do respectivo segmento profissional ou religioso.

Uma só pergunta! Em geral, já bastava.

No meu livro *Descubra o maior poder do mundo*, eu conto algumas dessas experiências.

UMA ADOLESCÊNCIA INFLUENCIADA POR LIVROS

Lembro-me que, aos 14 anos de idade, li uma obra literária de John Maxwell, um famoso *coach* e palestrante norte-americano. Ele é especialista em liderança e em treinamento de líderes, ele é "o cara" no meio no qual vive.

Aquela leitura me fascinou!

Brotou dentro de mim um estranho sentimento de que um dia eu treinaria líderes também. Surgiu em mim uma luz apontando um destino que eu me senti obrigado a seguir. Fui tocado e inspirado pelas palavras de John. O que ele falava fazia sentido para mim.

Meus irmãos também leram o livro, mas não interpretaram da mesma forma que eu. Como disse, cada um lê de acordo com os seus prórprios filtros mentais.

Aos 16 anos, apresentei um programa de treinamento de líderes para os professores da escola dominical (a escola bíblica da igreja que eu frequentava à época). Aquilo foi uma inovação porque, em geral, as escolas dominicais eram feitas do mesmo modo há muito tempo. Os homens mais velhos, presentes naquela apresentação, pegaram a apostila que eu havia preparado e começaram a rir e a zombar de mim.

Lembro-me desse episódio como se fosse hoje!

Será que eles pensaram que eu queria destruir uma tradição? Será que, olhando por outro lado, eles pensaram que eu queria acabar com a minha reputação antes de me tornar "alguém"? Ou será que riram de si mesmos, porque nunca tiveram iniciativa para mudar algo que era feito do mesmo modo há décadas?

Nunca saberei. De todo modo, eu os respeitava como eram. Quem lutou para preservar uma cultura, para manter incorruptível uma tradição ou forma de fazer alguma coisa, sempre terá resistência ao novo. Devemos compreendê-los.

Somos construídos pelas pessoas com as quais convivemos, as pessoas boas e as ruins, pelas que nos motivam e pelas que nos ferem e nos frustram, pelas pessoas que contribuem com o nosso fortalecimento e pelas pessoas que nos usam e roubam de nós os sonhos que temos.

Mas saiba:

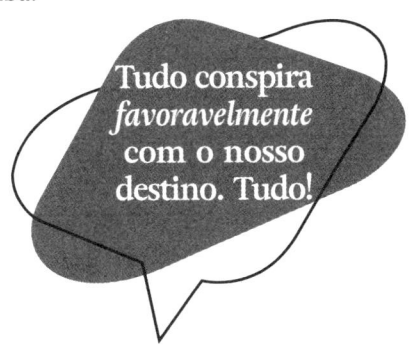

> Tudo conspira *favoravelmente* com o nosso destino. Tudo!

Não crescemos interiormente quando estamos de férias na Disney ou jantando no melhor restaurante da cidade. Isso é desfrutar.

Nosso crescimento acontece quando somos ofendidos e temos a opção de perdoar ou ressentir, quando estamos "duros" financeiramente e precisamos aprender uma lição. Crescer é o resultado de dias difíceis, do convívio com pessoas igualmente difíceis.

Eu não conheço outra forma de crescer como pessoa!

SURPRESAS DA VIDA

Certa vez, fui ministrar uma palestra para cerca de 5 mil pessoas, na cidade de Bogotá, na Colômbia. O mestre de cerimônias do evento, ao me apresentar como palestrante, disse as seguintes palavras:

"Está conosco Tiago Brunet, uma referência em desenvolvimento pessoal e espiritualidade. Fundador do Instituto Destiny e da Casa de Destino. Em minha opinião, é o John Maxwell de nossa geração".

Comecei a rir (de nervoso)!

Na hora, lembrei que durante a minha adolescência eu lia os livros de John, como contei há pouco. Recordei que tentava me inspirar em sua trajetória, ideias e na maneira dele de construir raciocínios e discursos que pudessem ajudar pessoas a alcançarem o próprio destino, serem felizes e se sentirem realizadas. E por mais que não seja verdade o que o apresentador disse (era apenas a opinião dele), eu estava sendo comparado a John Maxwell!

Ao mesmo tempo em que eu procurava construir uma identidade a partir da vida exemplar de um grande líder, outros ao meu redor, até pessoas próximas, zombavam de mim. Escarneciam do fato de eu batalhar por esse sonho, seguindo o que eu definia como destino. Algo maior me dava sinais para seguir em frente.

Lembra-se da história de José, que contei parcialmente no capítulo anterior? Um dos motivos de seus irmãos não terem simpatia por ele (além de ser o caçula protegido pelo pai), era que um dia José teve um estranho sonho. E ele contou tudo para seus pais e irmãos – o que foi muito bom, pois anos e anos depois, quando o sonho se realizou, os irmãos perceberam que José estava certo.

Leia nas próprias palavras de José o que ele sonhou:

Estávamos amarrando os feixes de trigo no campo, quando o meu feixe se levantou e ficou em pé, e os seus feixes se ajuntaram ao redor do meu e se curvaram diante dele.

(Gênesis 37:7)

Os irmãos de José interpretaram que o caçula reinaria sobre os mais velhos e ficaram bem irritados com isso. Talvez por orgulho, talvez por acharem aquilo uma afronta. Afinal, por que logo o menor deles seria o exaltado?

Bem, eles já não tinham um bom relacionamento. Depois que José contou o sonho, aparentemente prejudicial a eles, as coisas pioraram e a relação entre os irmãos ficou mais tensa. Depois desse episódio, José teve outro sonho, dessa vez com seus pais. E o pequeno voltou a contar à família:

Tive outro sonho, e desta vez o sol, a lua e onze estrelas se curvavam diante de mim.

(Gênesis 37:9)

Pergunto: anos depois de ter sido vendido por seus irmãos, não foi isso o que aconteceu? O sonho de José o levou ao seu destino, que era governar o Egito, e com isso poder salvar a vida de seus irmãos e de seus pais.

Quando José se tornou o segundo homem mais poderoso daquela época e a fome se abateu sobre toda a região, ele mandou trazer a família para a capital de onde controlava tudo. Assim, José conseguiu salvar a vida de todos. E os irmãos, claro, reconheceram o destino daquele que venderam. Ou seja: curvaram-se diante de sua autoridade.

É por isso que ler me inspira. Grandes histórias nos ensinam a pensar grandes projetos.

Livros nos inspiram, despertam a nossa imaginação e nos mostram cenários que podem nos auxiliar na construção e pavimentação da estrada para o futuro.

O meu destino foi construído com bons livros e com pessoas especiais.

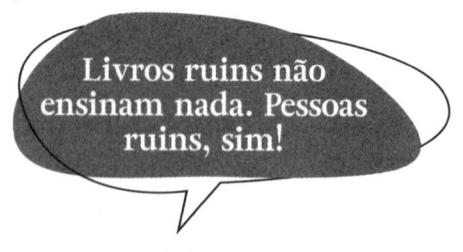

> Livros ruins não ensinam nada. Pessoas ruins, sim!

Existem pessoas que se tornam modelo de como jamais devemos ser. Isso também é aprendizado.

Como selecionar livros e pessoas para entrarem em sua vida?

Penso que algumas das seguintes dicas serão úteis a quem quer começar a selecionar livros melhores para se inspirar:

1. Escolha livros de acordo com as suas paixões: leia sobre o que você mais gosta.
2. Prefira livros e pessoas que forneçam conhecimento e informações que construam o futuro que você deseja.
3. Dê preferência para aqueles que ampliam sua maneira de pensar. É o que eu chamo de agentes "telescópio": eles nos ajudam a ver mais longe.

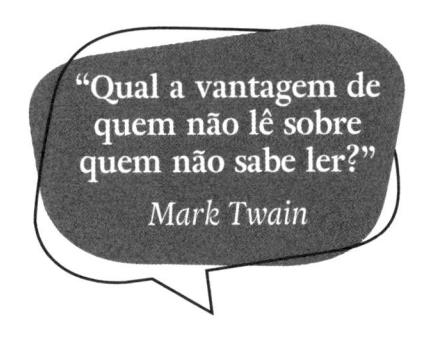

> "Qual a vantagem de quem não lê sobre quem não sabe ler?"
> *Mark Twain*

Na última década, experientes autores, cientistas, *coaches* e líderes em diferentes áreas descobriram aspectos da vida e do modo de trabalhar de Jesus que poderiam – e foram! – aplicados na moderna rede de profissionais e empreendedores do nosso tempo.

Basta conferir os títulos de alguns livros que lideraram e lideram o ranking de vendas das grandes livrarias: *Jesus CEO*; *Jesus coach*; *Jesus, o mestre da sabedoria*; *A liderança de Jesus*, entre outros.

Dos 10 livros que lideram o ranking dos mais vendidos no Brasil atualmente, 4 deles falam de Jesus. Quando leio nos Evangelhos sobre a vida do Mestre, não posso deixar de observar com detalhes as suas palavras.

Nelas estão os segredos de sua personalidade, da solidez de seu caráter como pessoa pública, os segredos do sucesso naquilo que Ele fez e como treinou pessoas para realizarem o seu projeto, o seu sonho: liderar pessoas para um destino grandioso.

Quando leio suas palavras, noto que Jesus sempre citava textos antigos, extraídos de livros que já havia lido e isso me impressiona.

Acredito que posso dizer que a leitura influenciou a identidade de Jesus; pelo menos, é isso o que vejo em suas palavras. Consequentemente, sua identidade define pessoas em diferentes lugares, em diferentes culturas, em tempos diferentes. E isso acontece há dois mil anos!

Certa vez, quando ele estava na cidade de Cafarnaum, em uma sinagoga, recebeu o livro sagrado aberto e leu:

O espírito do Senhor está sobre mim.

Em seguida, olhou para os presentes e completou:

O Espírito do Senhor está sobre mim, porque ele me ungiu para pregar boas-novas aos pobres. Ele me enviou para proclamar liberdade aos presos e recuperação de vista aos cegos, para libertar os oprimidos e proclamar o ano da graça do Senhor.
(Lucas 4:17-19)

Veja: uma profecia feita setecentos anos antes daquele dia, registrada num livro, encontrou a sua realização. Jesus era a pessoa certa, no lugar certo e na hora certa.

O que produziu esse encontro inusitado?

> **Um livro.**

Livros e pessoas são agentes de transformação, de mobilização e nos levam a destinos que nem sempre imaginamos, mas que o plano transcendental traçou para cada um de nós.

Há uma sinergia, isto é, a convergência de forças impulsionadas por essa transcendência que, no momento chave, na hora certa – como ocorreu com Jesus –, irá reunir a oportunidade certa com a pessoa certa, aquela que se preparou, que se atualizou, que se reciclou, que esteve atenta e que estava em movimento.

Quando isso acontecer, você estará preparado para viver o seu destino.

FAÇA A SUA PARTE SEMPRE

Não é sorte: é trabalho e sinergia. É a força das sementes positivas que foram semeadas durante a sua caminhada na Terra. Exemplo: se você ajudou alguém no passado, e essa pessoa hoje está em um posto estratégico, se for preciso, ela irá retribuir a ajuda que recebeu. Se você estuda, se informa e pesquisa, você irá se tornar a pessoa mais indicada a ocupar uma determinada vaga.

Quando a tal oportunidade surgir, é o seu nome que estará na lista dos escolhidos. Não adianta apenas estar apto se você nunca ajudou um familiar sequer, se você não acorda cedo, não socializa nas reuniões, nos cafés etc. Não haverá conspiração transcendental que te ajude assim. Não haverá sinergia que dê conta do seu destino.

Outro nome bastante conhecido que alcançou e cumpriu o seu destino é o de João Batista. Ele foi um personagem respeitadíssimo entre o povo judeu no seu tempo e temido pelas autoridades romanas que governavam a Judeia. João era como um promotor de justiça, que denunciava as falcatruas no palácio – qualquer semelhança com a nossa história atual no país é mera coincidência.

Certa vez, João Batista disse:
Eu sou a voz que clama no deserto.
(João 1:23)

Assim como Jesus, João Batista confirmava para seus ouvintes que ele era o cumprimento literal de uma antiga anotação feita por um profeta judeu, que nesse caso, foi Malaquias.

Mais uma vez a ação transcendental uniu um texto a um homem que lia, que conhecia a história passada e poderia, assim, fazer a diferença no presente.

Eu acredito que o destino não é sorte, mas existe um plano transcendental a seu respeito:
Eu sei os planos que tenho acerca de vocês, planos de paz e não de mal, para vos dar o fim que desejais.
(Jeremias 29:11)

São vários os elementos que se somam ao material de construção do destino de alguém. Porém, há um que conta muito: as amizades que você faz durante a sua peregrinação na terra.

Amizades que apontam o destino

Permita-me contar uma história impressionante que ouvi recentemente. Eu havia acabado de descer o palco, após terminar uma palestra que ministrei na cidade de São Paulo quando fui abordado por uma pessoa muito famosa. Aliás, havia milhares de pessoas e dezenas de celebridades presentes naquele auditório, entre elas, jogadores de futebol, artistas da TV e cantores famosos.

Uma dessas pessoas era um cantor que faz muito sucesso e reúne milhares e milhares de fãs em suas redes sociais. Ele veio até mim imediatamente após eu descer o palco e, aparentemente, queria apenas expressar sua gratidão pelas palavras que eu tinha dito. Segundo ele, elas causaram impacto positivo em sua mente e, consequentemente, em sua vida.

A conversa gerou empatia e, junto com amigos em comum, saímos para jantar naquela noite. No restaurante, começamos a conversar sobre vários assuntos, como acontece em qualquer encontro com muitas pessoas. De repente, ele me perguntou sobre o que eu estava escrevendo atualmente. A pergunta mexeu comigo, pois quando estou trabalhando em um novo livro, respiro isso. Assim, falei sobre o conteúdo deste capítulo que você está lendo agora.

Quando eu disse que nós somos o resultado dos livros que lemos e das amizades que fazemos, os olhos daquele artista imediatamente brilharam. Parecia que ele tinha algo a dizer porque não conseguiu disfarçar a euforia!

Eu continuei falando das páginas que já havia escrito e, em seguida, afirmei que, no livro, eu estava desenvolvendo o meu conceito de destino. Disse que, para mim, destino nada mais é do que **a união da nossa preparação pessoal com uma conspiração divina**. Ao escutar o que eu havia dito, ele não se conteve e disparou: "Você sabe como fiquei conhecido no Brasil?".

Fui sincero e respondi que não fazia ideia. O cantor, então, contou-me: "Em 2014, eu estava ficando frustrado, pois não via resultados de todo o meu preparo e minha inspiração para a música. Eu tinha o dom, as pessoas que me ouviam amavam o meu trabalho, mas a coisa não acontecia! Às vezes, eu colocava a mão na cabeça e perguntava: 'Deus, por quê?'".

Balancei a cabeça concordando com ele e mostrando que eu estava atento à narrativa. Ele prosseguiu: "Eu estava preparado, era bom no que fazia, tinha competência para seguir em frente... mas... Aconteceu que peguei a estrada para esfriar a cabeça e parei em uma cafeteria no caminho. Para o meu espanto, o maior jogador de futebol do país, em pleno ano de Copa do Mundo, saiu da mesma cafeteria e nos topamos. Tiramos foto juntos e acabamos nos aproximando. No dia seguinte, eu estava compondo uma música sobre ele e o futebol. Resultado: ele acreditou em mim, participou do meu clipe musical e, depois, apareci em todos os programas de TV do país, e a partir disso a minha vida mudou para sempre".

Era uma história interessante. Eu logo perguntei se ele acreditava em destino. O artista me respondeu com outra pergunta: "Como assim?". Eu insisti na argumentação: "Você acredita na união entre a preparação pessoal e uma conspiração divina?".

Ele sorriu, todo feliz, e disse: "Eu sou a prova disso!".

O que você, leitor, pensa sobre isso?

Já aconteceu algo desse tipo com você?

Tenho apresentado casos da história e do presente, casos reais, conhecidos e todos apontam na mesma direção: há um destino a se viver!

Nós precisamos fazer a nossa parte e ser bons naquilo que são nossas habilidades naturais, é necessário ser especialista no que fazemos. Muitas vezes as coisas emperram e não conseguimos chegar ao ponto que deveríamos ter chegado, o desânimo começa a aparecer e, aparentemente do nada, de repente, *pá*!... decolamos.

Reflita um pouco: se fosse por esforço pessoal, apenas por nossos próprios méritos, por que não conseguimos o esperado sucesso antes?

Por que entre 5 gênios especialistas apenas um é escolhido?

Há milhares e milhares de pessoas extremamente competentes por aí que morrem sem ter tido a oportunidade de mostrar ao mundo o seu talento, as suas ideias. Muitas vão ao túmulo sem antes ter feito a diferença naquilo que eram boas! Então, não é só a competência pessoal ou individual. Concorda? Existe um Arquiteto do Destino, e ele o libera na hora certa!

Sabemos, especialmente no Brasil, que há postos e vagas especialíssimas, no topo das melhores empresas, multinacionais e nacionais, organismos governamentais, start-ups e tudo o mais, que têm sido ocupados por pessoas inadequadas, por vezes apadrinhadas, que chegam lá por indicação política, o famoso QI (Quem indica). E que, por conta dessas tramoias, os competentes têm sobrado, ficado para trás. Uma pena!

Nos preparamos, temos competência, podemos fazer diferente, temos também energia e força de vontade, além de capacidade técnica e talento. Por que não chegamos lá? Porque ainda não houve o encontro entre o preparo pessoal e a conspiração transcendental.

Muitas das vezes esses dois fatores não se juntam porque você perdeu a sua fé. Porque deixou de acreditar, cansou de esperar, passou a considerar que tudo aquilo era ilusão. É por isso que muita gente talentosa morre antes de realizar a sua missão, deixa de ser esperança e vira lamento. Uma parte do sucesso é de sua responsabilidade e a outra está a cargo dessa força incontrolável que trabalha dia e noite a seu favor.

Alguns o conhecem como Deus. Outros o chamam até de Pai. Cada um o interpreta de acordo com seus filtros mentais.

Quem guarda a fé até o fim, vence. O destino, como insisto em dizer, não é sorte, ele está sendo moldado por algo maior.

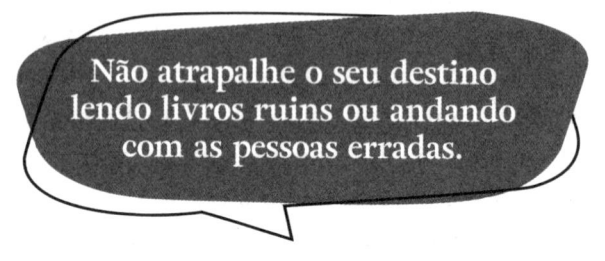

> Não atrapalhe o seu destino lendo livros ruins ou andando com as pessoas erradas.

Faço mentoria com dezenas de jogadores de futebol. Muitos me procuram na hora de tomar decisões sobre quais propostas de clubes do exterior devem aceitar. Em geral, os contratos são muito bons, e fica difícil escolher para que clube ir e decidir em que país viver os próximos anos.

Sempre faço as mesmas perguntas para eles: "Em qual ambiente seus filhos terão uma melhor chance de futuro?", "Quantos idiomas poderão aprender?", "Em que cultura serão inseridos?".

Pessoas, livros e viagens moldam a sua própria cultura e ela definirá não só o seu destino, mas o futuro de todos os seus descendentes.

Viagens, o selo do seu destino!

Eu nunca perco uma oportunidade de viajar. As viagens nos oferecem experiências necessárias para inspirar ideias significativas, seja ao exterior ou a uma cidadezinha localizada ao lado da sua, você nunca voltará o mesmo depois de experimentar um choque cultural.

Afirmo categoricamente que o selo que lacra a construção de sua vida, aqui na Terra, são as viagens que você faz. Isso acontece porque colhemos um pouco de cada lugar por onde passamos. É inconsciente, é inevitável!

Foi na Índia, país mergulhado na profunda miséria, que entendi que todo nosso esforço deve ser em prol da coletividade. Lá, potencializei meus pensamentos sobre a fé. No Japão, lugar que transpira organização e ordem, minha mente registrou princípios milenares de honra. Em Israel, com toda a sua história, absorvi superação. Nos Estados Unidos, com sua garra em vencer, excelência.

Mas aprendi muito em lugares não tão longínquos para mim, como a belíssima Arraial do Cabo, a 200 quilômetros da cidade do Rio de Janeiro, que sempre me transmitiu o sentido de paz e descanso (isso, claro, quando você visita a cidade fora da época de Carnaval).

Cada lugar que você visita deixa algo em você!

Sabe por que deixei para falar de viagens por último neste capítulo? Porque elas só fazem sentido quando livros e pessoas já te construíram. As viagens são selos.

Enquanto escrevo estas linhas, estou no lado asiático de Istambul, na Turquia. Nessa cidade tem uma ponte que divide a Europa da Ásia. É possível encontrar muçulmanos radicais pelas ruas ou pessoas comuns de bermuda e camiseta, ainda que também sejam turcos. Aqui comemos da culinária árabe ou asiática, italiana ou hambúrgueres norte-americanos.

A diversidade me inspira. Há muita beleza no que é diferente!

Sentado à mesa da minha cafeteria preferida em Istambul, observo os que passam pela rua à minha frente. Estamos à beira-mar e é possível ver famílias passeando, pessoas correndo para manter a forma e trabalhadores em passos apressados rumo ao escritório. Essas pessoas terão destinos diferentes, pois leram livros diferentes e conviveram com pessoas diferentes. Alguns viajam ou já viajaram, e outros, não.

Estive em Istambul algumas vezes, mas esta viagem tem sido especial. Primeiro pela companhia: meu amor, Jeanine, está comigo. E, por isso, faço um alerta: toda viagem se define mais por quem vai com você do que pelo lugar para onde se está indo.

Paulo, o apóstolo, deixava isso claro em suas viagens missionárias que foram relatadas na Bíblia. Uma delas, lemos no capítulo 15 de Atos. O apóstolo Paulo, que ia de cidade em cidade falando sobre a vida de Jesus, propôs a Barnabé, um de seus companheiros, a voltar por todos os lugares pelos quais já tinham passado.

Ele queria saber se as palavras que dizia haviam surtido efeito. Barnabé, então, sugeriu que João Marcos fosse com eles. Só que Paulo não quis. É que Marcos, numa viagem anterior, a Perge, antiga cidade na costa mediterrânea da Turquia, preferiu não acompanhá-los mais e foi para Jerusalém. Não se sabe exatamente qual o motivo de João Marcos, mas isso desagradou muito a Paulo. Por causa da recusa do apóstolo, Barnabé se sentiu contrariado e foi embora. Já Paulo seguiu adiante com Silas.

Um fato curioso: Barnabé e João Marcos não são mais citados no livro de Atos depois desse episódio.

A história seguiu com Paulo e Silas. E logo na sequência, pelo relato do livro de Atos, os dois vivem um dos episódios mais incríveis durante essas viagens.

Em Filipos, na Grécia, eles são presos, acusados de perturbação da ordem. Na cadeia, não reclamam, murmuram ou choram. Pelo contrário, diz o trecho que eles oravam e cantavam louvores a Deus quando:

De repente houve um terremoto tão violento que os alicerces da prisão foram abalados. Imediatamente todas as portas se abriram, e as correntes de todos se soltaram.

(Atos 16:26)

A cadeia estava escura e o carcereiro, pensando que todos haviam fugido, puxou a espada para se matar porque quem deixasse um preso fugir seria morto. O suicídio, diante dessa situação, era uma forma de se livrar da tortura e da humilhação. Atento, Paulo impediu o carcereiro de tirar a própria vida, gritando:

Não faça isso! Estamos todos aqui.

(Atos 16:28)

O carcereiro, então, prostrou-se aos pés dos dois missionários. Ele ficou tão encantado que se rendeu ao poder pregado por Paulo. Aliás, ele e toda a sua família. Essa viagem do grande apóstolo com Silas salvou vidas. Literalmente.

Paulo rejeitou companhias, pois sabia da importância do QUEM vai, apesar de nunca desconsiderar o para ONDE se vai.

> Pessoas, livros e viagens sempre serão fatores de construção do seu destino!

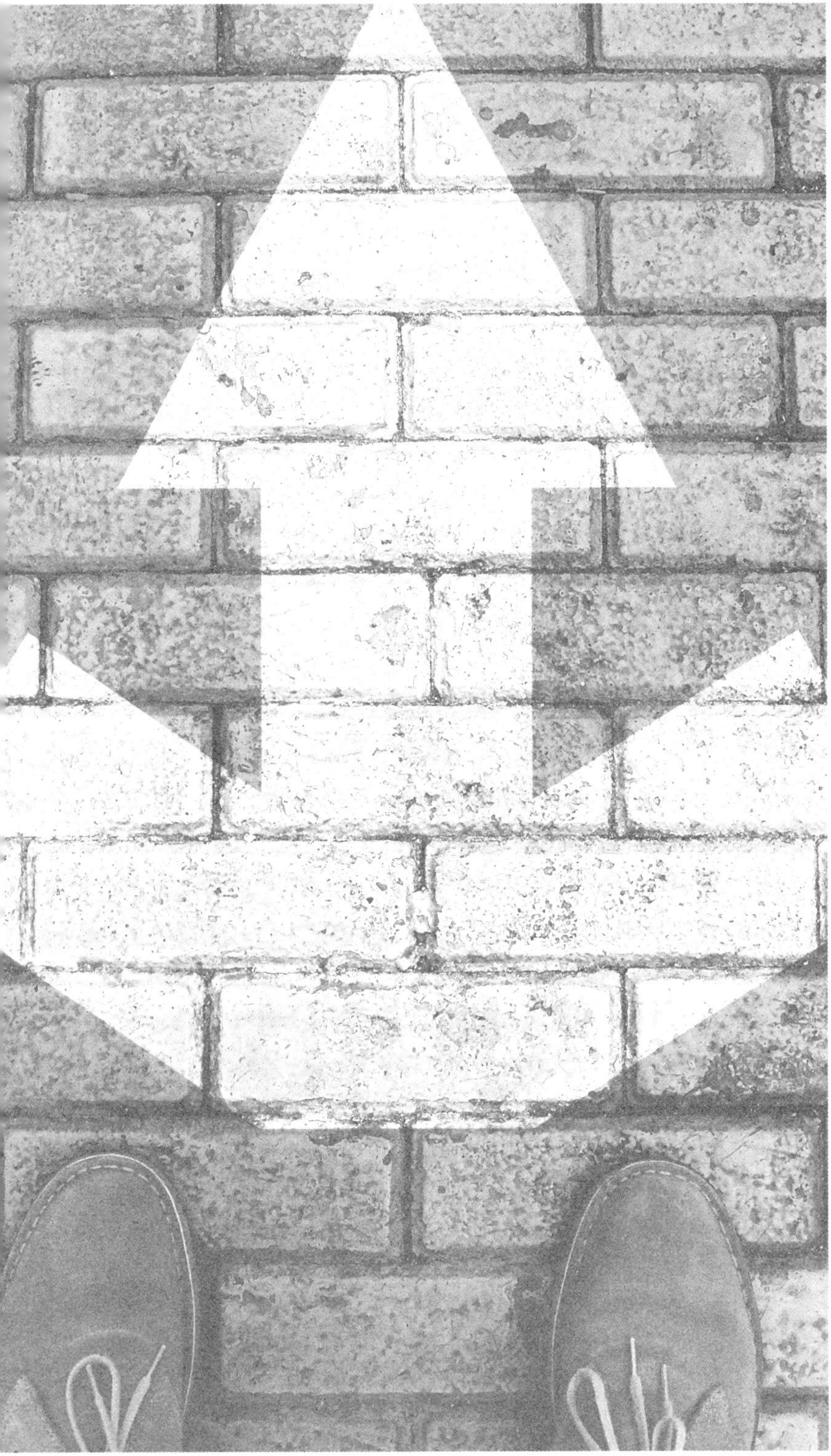

Uma vida coerente

"Somente os tolos exigem perfeição, os sábios se contentam com a coerência."

Provérbio chinês

Destino não se trata de levar uma vida perfeita, mas de levar uma vida que seja coerente.

Talvez você não tenha parado para refletir sobre a falta de coerência no seu dia a dia. Muitos só percebem a incoerência no vizinho, no colega de trabalho, naquele tio inconveniente. Só percebem o que é incoerência quando ela se manifesta no discurso de alguém.

Muitos acham, inclusive, que ela só faz parte da vida dos outros. É tão difícil fazer uma autoanálise e identificar nossas próprias limitações. Nossa falta de coerência, às vezes, é imperceptível a nós mesmos. Porém, se você dedicar um tempo fazendo uma autoanálise, vai ver que não é bem assim. Já pensou que a incoerência pode ser um inimigo íntimo do seu destino?

Pois é.

A incoerência é um opositor de futuro e reflete bastante na falta de coesão que carregamos conosco.

Jesus era um homem coerente em seus caminhos e pensamentos. Por isso, viveu e cumpriu seu destino profético. Ser coerente também é saber dizer não quando não é a hora de você se expor.

Maria, sua mãe, ao pedir para que ele fizesse um milagre, o Mestre respondeu: "Que temos nós em comum, mulher? A minha hora ainda não chegou".

Muitos futuros foram abreviados e frustrados pelo adiantamento de propósito. Com isso, quero dizer que existe um tempo certo de fazer as coisas, e isso chama-se coerência.

Meu filho ama carros, mas ele não pode ter um. Com apenas 5 anos de idade, ele não reúne preparo e maturidade para viver o sonho que tem de dirigir carros velozes. Entende?

Coerência também é alinhar tempo e propósito.

VEJA SÓ

Certa vez, em um dos meus seminários sobre liderança, convidei o diretor de uma grande instituição para subir ao palco na qual eu estava. Ele subiu e fiz a ele uma pergunta, diante de todos: "Fulano, qual é o seu maior problema hoje em dia?".

Para minha surpresa, ele respondeu de forma clara e bem direta: "Sem dúvida, é a crise financeira".

Sorri para ele e logo continuei: "Qual livro você está lendo atualmente?".

Ele levantou a sobrancelha e parecia surpreso, mas, ao mesmo tempo, deixou transparecer que vasculhava a própria memória. Fiquei em silêncio até que ele respondeu: *As crônicas de Nárnia*.

Trata-se de um dos livros do escritor e poeta irlandês C. S. Lewis (1898-1963), um dos maiores autores que já li. Mas os livros da série Nárnia, embora sejam ótimos, não têm absolutamente nada a ver com a crise que aquele diretor de instituição enfrentava em sua vida profissional naquele momento.

Diante daquela resposta, pensei rapidamente sobre duas situações, imaginando que ele pudesse estar em uma delas: "Será que ele não está lendo nada durante esses dias e disparou o nome do primeiro livro que veio à sua mente? Ou será que temos aqui um clássico exemplo de incoerência?".

Não há nada de errado em um executivo ler livros de ficção, mas penso que não é razoável fazer isso em um momento de crise. Então, se não foi um episódio de omissão da verdade – e eu acredito que não tenha sido –, foi um caso de incoerência. E, sinceramente, eu não sabia o que seria pior naquele caso.

Todos nós enfrentamos problemas diversos e queremos que essas adversidades sejam resolvidas pelos outros ou por nós mesmos. O importante é que a saída apareça logo.

Esse ponto é um divisor de águas para o nosso entendimento, pois quando nos deparamos com algum problema e decidimos resolvê-lo, muitas vezes, buscamos a solução em uma fonte que não é capaz de produzir informações transformadoras.

Logo, todo nosso esforço dedicado àquele propósito, é pura perda de tempo!

Veja bem: o diretor-geral dessa grande organização, responsável pelo destino de dezenas ou centenas de pessoas (e as famílias delas), além do futuro da própria instituição, confessa que mesmo diante de uma crise financeira – e nós sabemos o que isso quer dizer – está lendo um clássico da ficção! Você percebe o nível de incoerência envolvido nesse caso? Consegue formar uma imagem mental de dois mundos distantes e irreconciliáveis?

Um é o mundo real, sem dinheiro, sem recursos, sob o risco de não ter o que comer no fim do mês, e o outro lado é a fantasia sobre um leão, a feiticeira e o guarda-roupas, escrita para crianças – que são os personagens do primeiro livro da série de 7 obras.

A história do país de Nárnia, num universo paralelo, pode ter belas e boas lições lúdicas sobre a vida, a fé e muito mais. Só que não irá fornecer elementos para uma tomada de decisão criativa e prática para aquele momento de crise financeira. A única maneira pela qual aquele diretor poderia se justificar era se estivesse seguindo o conselho dado por alguns psicólogos: a distração.

A distração, com exceção dessa indicação psicológica anterior, torna-se a destruição dos seus sonhos em câmera lenta. Então, tenha cuidado com ela!

Alguns profissionais defendem que quando estamos muito imersos em um problema, aparentemente sem solução, e não vemos saída, devemos parar de pensar nele e nos envolver com outras atividades. Assim, a solução do problema irá aparecer com naturalidade. Esta seria uma justificativa boa para o comportamento daquele executivo, mas aparentemente não era o caso.

Outra questão que merece a nossa atenção é quando entramos em um processo de confusão mental e deixamos de dar a importância devida ao que realmente é uma prioridade.

Prioridade é foco, e foco é saber dizer não

Nos distraímos, nos confundimos e muitas vezes não fazemos a leitura adequada de alguns fatos e circunstâncias. Logo, o resultado esperado das nossas ações será, no mínimo, desastroso.

Pelo que percebo, a vida não costuma perdoar os distraídos. Você e eu trabalhamos muito e nos esforçamos demais em favor de um futuro de paz que desejamos alcançar. Não é razoável, depois de tanto esforço, relaxar a atenção justamente quando as coisas estão para acontecer.

> Não se distraia por mais que pareça que a guerra tenha acabado!

Certa vez, em uma viagem de carro de Los Angeles a Las Vegas, onde eu faria uma palestra importante, resolvi parar para tomar um café com meu companheiro de viagem já que adoro as cafeterias norte-americanas.

O GPS indicava uma viagem tranquila de cinco horas. Ficamos ali por uns 30 minutos, fizemos o retorno de 2 km e voltamos para a estrada.

Uma hora depois avistamos a lanchonete mais famosa da Califórnia. Olhei para meu amigo e disse: "Tá com fome?".

Ele disse que não. Na verdade, eu também não estava, mas não perderia a oportunidade de provar aquele hambúrguer único.

Paramos novamente.

Depois de uma hora voltamos para aquela *highway*... E, com a viagem avançando, resolvemos parar para fotografar as montanhas de Nevada.

Conclusão: uma viagem que duraria 5 horas demorou 4 horas a mais. Chegamos atrasados no evento e eu só pude participar no dia seguinte.

É pecado tomar um café? Comer seu hambúrguer preferido? O que há de errado em tirar uma linda foto das montanhas?

A distração pode não ser pecado, mas lhe fará chegar atrasado ao destino final.

Manter-se focado, dizer não a tudo que não é a prioridade e se livrar das distrações é uma dica importante para essa fase da vida.

Contudo, é um grande erro fazer isso na hora em que as coisas estão acontecendo. Assim que abrir os olhos, você verá a oportunidade ao longe, despedindo-se de sua visão. Quando ela passou perto, você, distraído, nem a viu. Agora, ela sumiu para sempre.

Os gregos da Antiguidade, grandes pensadores, definiram e escreveram a palavra tempo de duas formas: *cronos* e *kairós*. O primeiro se refere ao tempo cronológico, à ordem dos acontecimentos, como dia, tarde e noite. O outro significa o tempo oportuno, diz respeito àquela oportunidade que vai surgir e que, talvez, não volte.

Alguns teólogos dizem que *cronos* é o "tempo dos homens" e que *kairós* é o "tempo de Deus". Os gregos fizeram um desenho de como seria *kairós*, membro da mitologia deles e, no desenho, a figura de Deus surge como um jovem que tem uma balança pesando para um lado das mãos – o que mostra instabilidade –, asas nas costas e nos pés – ele passa rápido –, uma só trança na cabeça – é difícil agarrá-lo. Ao contrário de *cronos*, que é algo regular, com início, meio e fim, *kairós* surge e passa. Quem não estiver atento, certamente não aproveitará a oportunidade.

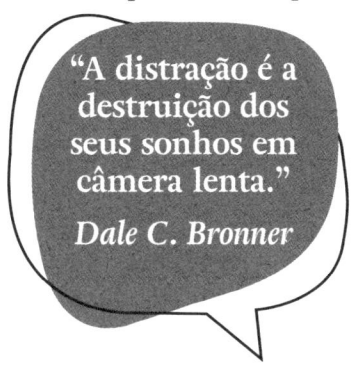

> "A distração é a destruição dos seus sonhos em câmera lenta."
> *Dale C. Bronner*

E O QUE É COERÊNCIA?

Coerência é a união entre lógica e coesão. Quando um conjunto de projetos, ideias e sonhos apresentam nexo, uniformidade e sentido, isto é, ajustam-se uns aos outros, nasce a coerência.

Para que algo seja coerente é necessário apresentar uma sequência que dê sentido geral ao receptor, de modo que a contradição ou as dúvidas jamais façam parte do contexto.

A origem da palavra coerência vem do latim, *cohaerentia*, e significa conexão. Penso que isso faz sentido para você dentro do nosso contexto. Para que algo se conecte, para que algo seja conectável, alguns elementos precisam ter condição de se unirem a outros sem impedimentos, seja por sua natureza ou por sua forma.

Se quisermos, por exemplo, forjar uma chapa de metal resistente será preciso juntar dois ou mais materiais que deem liga, que sejam compatíveis quando forem levados ao fogo. Se tentarmos juntar aço, bronze, barro e pó de madeira, nada do que esperamos irá acontecer. Alguns materiais se tornarão cinza, como o pó de madeira. Já o barro, irá ressecar absurdamente e os outros dois não se fundirão.

Do mesmo modo, é inútil tentar conectar o cabo USB de um notebook na tomada da rede elétrica. Pois, obviamente, os pinos de conexão não são do mesmo formato.

Você já teve um desejo no qual suas atitudes e estilo de vida atual não se conectavam a ele?

Atenção com a INCOERÊNCIA. Ela pode ser um inimigo imperceptível!

Recentemente, vi um vídeo do Neymar Jr., o brasileiro que é um dos melhores jogadores do futebol do mundo na atualidade, que fez um estalo na minha cabeça. O vídeo foi gravado em 2004, quando ele ainda tinha 12 anos de idade. E, ao assisti-lo, pude ver o que chamo de COERÊNCIA!

O menino-craque mostrou os troféus que já tinha conquistado. Ele só tinha 12 anos, lembra-se? Falou do Troféu Tênis de Ouro, que só ele e o Robinho, atacante da mesma cidade de Santos, em São Paulo, haviam conquistado. Depois, apresentou 12 troféus por ter sido artilheiro de algum torneio! Doze! Se considerarmos que ele começou a despontar nas quadras aos 6 anos de idade e a competir logo depois desse tempo, podemos ver que ele foi uma criança que trabalhou duro pelo destino que imaginou cedo em sua vida. Neymar Jr. ditou o próprio futuro ainda aos 12 anos de idade.

Há outro ponto interessante: durante a entrevista, vemos o menino olhando sem medo para a câmera, respondendo com firmeza a cada pergunta feita pelo repórter e, em momento algum, o pequeno jogador foi incoerente com o que disse naqueles poucos minutos.

Confira parte da entrevista[6] e o diálogo a partir do ponto em que o repórter vê uma foto dele com Robinho, na época um jogador já consagrado:

Repórter: Eu tô vendo que você tem uma foto sua com o Robinho aqui, né?

Neymar Jr.: É.

Repórter: Quando é que foi isso?

Neymar Jr.: Foi em 2003, no ano passado.

Repórter: Como é que foi esse encontro? Por que é que ele foi te encontrar? Como é que foi?

Neymar Jr.: Ah, pra me conhecer, né?

Repórter: Por que ele foi te conhecer?

Neymar Jr.: Porque falaram que eu era parecido com ele, essas coisas.

Repórter: E como foi, foi bom o encontro?

Neymar Jr.: Foi.

Repórter: O que ele falou pra você?

Neymar Jr.: Ah, falou pra 'mim' continuar batalhando, estudando, que um dia eu chego lá.

---

[6] Disponível em: <https://www.youtube.com/watch?v=dscGo-G-jOc0&t=134s>. Acesso em: 26 maio 2018.

Nesse ponto da entrevista, o narrador daquele programa da TV interrompe para dizer: "Alguns anos depois, eles estavam jogando juntos no Santos, Neymar Jr. e Robinho. Só não dá pra dizer que o Neymar Jr. 'chegou lá'. Ele passou muuito desse tal de 'lá'".

Neymar Jr. estava consciente de sua qualidade como jogador, ainda no tempo em que jogava futebol de salão, antes mesmo de passar a jogar futebol de campo. Ele mostrou acreditar nas pessoas que estavam cuidando do aprimoramento de sua técnica e de sua carreira como atleta profissional. Notamos isso quando ele confirma o comentário de que ele era parecido com Robinho.

Robinho, à época, era o grande nome do Santos F.C. e tinha sido um menino pobre, assim como Neymar Jr. Aliás, a entrevista foi dada em uma casa simples e o garoto estava sem camiseta, revelando sua simplicidade e até mesmo ingenuidade.

Hoje, quase quinze anos depois daquela entrevista, Neymar Jr. é a estrela da Seleção Brasileira. Com suas atitudes, ele segue nos mostrando que ouviu os conselhos de seus tutores da infância, seja os de seu pai ou os dos dirigentes do clube no qual jogou quando ainda era bem jovem. Já pensou se Neymar Jr. tivesse se "distraído" na reta final do caminho de sua formação? Quantos meninos talentosos das categorias de base dos times de futebol se tornam atletas medíocres? Ou, como se diz no mundo, de futebol, quantas promessas não "vingaram"?

Se Neymar Jr. não tivesse se mantido concentrado, conectado ao seu sonho, jamais teria saído do Santos para jogar no Barcelona, um dos maiores times do mundo e alçar voos ainda mais longos.

Vamos a outro exemplo

Um voo de São Paulo a Madrid, na Espanha, dura cerca de onze horas. Então, o comandante da aeronave, para ser coerente, deve abastecer o avião para ter autonomia de, no mínimo, quinze horas de voo. Nesses casos, sabendo que imprevistos podem acontecer nos aeroportos e com o tempo, o piloto bota mais combustível, garantindo uma boa margem de segurança. Além disso, a equipe da companhia aérea leva para a aeronave uma quantidade de comida, de acordo com o tempo de viagem e com o número de passageiros.

Seria uma grande e irresponsável incoerência saber o destino e o tempo estimado de voo e, mesmo assim, não preparar suprimentos nem outros cuidados capazes de evitar problemas no voo. Não acha?

Você já deixou de levar as coisas necessárias em uma viagem mesmo sabendo para onde estava indo?

Às vezes eu cometia esse erro. Em uma viagem a Boston, cidade norte-americana onde há grande reduto de brasileiros, mesmo sabendo que era inverno e a temperatura estava negativa, levei apenas um casaco daqueles fininhos. Chegando lá, além de passar frio, tive que comprar roupas, botas especiais e outros acessórios. Detalhe: aquela compra estourou o meu orçamento.

Percebe como as nossas tarefas e atividades precisam ter conexões adequadas?

Defina seu projeto e faça cálculos coerentes para que ele se realize.

Coerência para enxergar o futuro

Um caso que atendo com bastante frequência na qualidade de *coach* é o que chamo de "solteirice desacerbada" de uma geração que busca amor e aceitação. A incoerência, nesses casos, está na comunicação daquilo que se quer alcançar.

Nunca vi alguém se arrumar para ir a uma balada, olhar no espelho e dizer: "Hoje encontro alguém pra casar". Não fazemos isso. A "noitada", como dizem os cariocas, não é o lugar para o qual se vai atrás do "amor de sua vida". Ninguém vai para uma daquelas agitadas festas de sexta-feira à noite dizendo: "Hoje é o meu último dia de solteiro".

No entanto, há pessoas que estão fazendo exatamente isso em suas vidas. Elas têm um objetivo específico só que o procuram em lugares onde não há CONEXÃO com seu alvo. Ou seja, muitas das vezes, buscam sonhos no baú dos pesadelos.

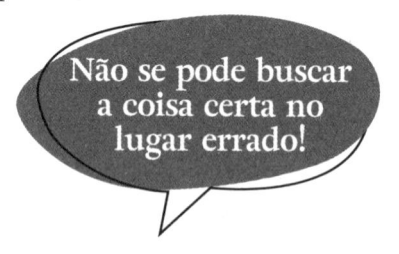

> Não se pode buscar a coisa certa no lugar errado!

Seja coerente

Voltando à entrevista de Neymar Jr., aos 12 anos, ele disse que seria um dos maiores jogadores do mundo, que jogaria no Barcelona e tudo o mais. A vida que levou depois dessa entrevista mostrou que ele foi coerente com aquela declaração sobre seu sonho e destino. Assim, o resultado não poderia ser muito diferente do planejado.

Neymar Jr. treinou duro e disciplinadamente, desenvolveu seu talento para os dribles e chutes, além de outras habilidades que apareceram ao longo dos anos. Foi protegido emocionalmente pela família e pela equipe de psicólogos do clube, a fim de suportar os dias ruins, as entrevistas capciosas, as derrotas em campo e os problemas naturais que toda pessoa enfrenta em suas atividades e na vida pessoal.

As coisas não acontecem como num passe de mágica, nem para esses atletas que ganham milhões por mês. Além disso, eu diria que a vida de um atleta, não somente no futebol, mas em qualquer outra modalidade, é um dos maiores exemplos de coerência que o meio empresarial pode tomar para si.

Atletas não podem abusar da liberdade, precisam seguir rigorosamente a rotina proposta, a dieta, os horários de treinamento, as horas de recolhimento para sono. Se não fizerem isso, em curto espaço de tempo, o corpo mostrará que algo está errado.

Sou amigo de diversos jogadores de futebol. Escrevo este capítulo enquanto me preparo para uma viagem para ministrar uma série de palestras para atletas que atuam na Europa e na Ásia. O que eles sempre me dizem é: "Tiago, atletas lidam com o corpo. A própria ferramenta de trabalho".

E o corpo não mente!

Se andarem fora da linha, a resposta aparecerá rapidamente. Uma noite maldormida poderá comprometer o trabalho de meses ou até mesmo de anos. Cada fator importa, cada área de sua rotina tem implicações diretas no bom funcionamento do corpo.

Ler o livro errado na hora errada, andar com as pessoas erradas, não cumprir compromissos assumidos, negligenciar a reciclagem pessoal e o preparo técnico, não dedicar um tempo ao lazer com a família também contam. É um conjunto de fatores, não é somente um ponto. Por isso, o título deste capítulo conta com a palavra "vida", e não com "área" coerente.

É preciso alargar a visão se você quiser conquistar resultados palpáveis.

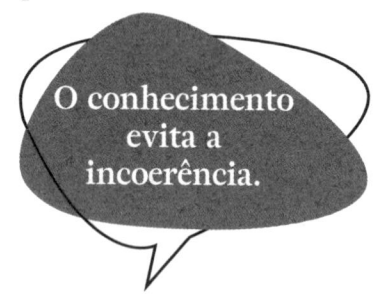

> O conhecimento evita a incoerência.

Seja amigo da sabedoria

Ninguém que quer ser feliz no casamento pode se entregar à pornografia, por exemplo. Essa parece ser uma afirmação grosseira, mas estudos feitos por neurocientistas concluem que o cérebro da pessoa que se entrega à pornografia é afetado pelas imagens, provocando variações intensas de prazer que a realidade jamais poderá suprir.

Casais podem sofrer na sua vida sexual quando insistem na busca de "algo a mais", tentando inovar, fazer diferente, impressionar. Por quê? Porque a pornografia, com a liberdade que ela toma para si de levar a imaginação para longe da realidade, estabelece um parâmetro impossível de alcançar no cotidiano dos casais.

Há cenários, maquiagem, falta de compromisso emocional e tantos outros fatores que não contam na vida real, na rotina normal de um relacionamento. A partir deste conhecimento fica mais fácil evitar esses "escapes", como a pornografia, pois você já sabe que ela irá desordenar a vida mental e, consequentemente, a vida sexual e a convivência a dois.

As coisas não são diferentes em outras áreas de nossas vidas. É preciso associar e preservar a conexão entre os fatores certos. Só assim podemos planejar e esperar que o resultado desejado aconteça, esperar pela conspiração favorável que nos conduzirá ao destino desejado.

> Ser incoerente com o seu destino é sonhar em ser médico, mas fazer faculdade de computação porque "está na moda" ou "dá mais dinheiro."

O sonho, que em geral aponta um destino, deve estar ligado à preparação que fazemos durante o processo.

Eu uso muito a palavra "incoerente" ou a expressão "falta de conexão" quando estou mentoreando algum líder que quer ser visto de determinada forma por seus pares. Com isso, procuro levá-lo a fazer uma autoanálise e uma crítica pessoal, caso seja necessário.

Tem gente que enche a boca para dizer que é um determinado tipo de pessoa. No entanto, em suas redes sociais, faz postagens que revelam outra imagem, uma totalmente diferente do que ela diz que é. Isso é uma incoerência e das grandes. Essas pessoas também demonstram isso na conduta do dia a dia. Diz uma coisa, mas faz outra.

É como aquele que vive contando que quer emagrecer, que já começou o "projeto verão", mas, dia sim e outro também, posta foto de uma comida gordurosa, seja um suculento hambúrguer ou uma irresistível pizza de calabresa.

Na hora de definir a melhor maneira de construir a sua imagem, é preciso visualizar a sua situação de modo mais amplo, englobando o que pensa, o que quer e o que faz. Essa equação dirá quais resultados você tem obtido por meio dos esforços que faz e dos sonhos que tem. O destino aparecerá ou sumirá do seu horizonte dependendo do que está sendo feito hoje, dependendo da coerência ou da incoerência de agora!

As pessoas que você quer alcançar não leem pensamentos, mas elas leem postagens e notam as atitudes do dia a dia.

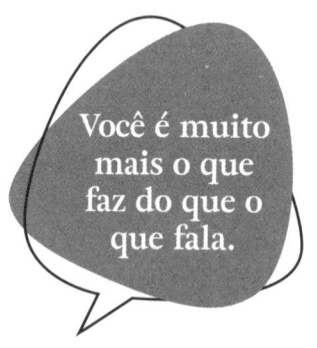

> Você é muito mais o que faz do que o que fala.

Ao longo desses anos em que venho ajudando pessoas a encontrarem o seu destino, tenho visto que a incoerência é um grande adversário do nosso futuro. Eu gostaria que você empenhasse um pouco de seus esforços, refletindo, visualizando e formando quadros mentais que juntem a sua vida presente ao futuro que você almeja como destino.

Faça checagens pessoais, procure se imaginar no lugar das pessoas ao seu redor, aqueles que observam você e como leem e interpretam suas falas, postagens de textos e fotos pessoais. Faça esse exercício de alteridade, de se colocar no lugar do outro, e verifique se as pessoas conseguem enxergar coerência nas suas atitudes.

O peso do orgulho

Uma das formas mais comuns de incoerência com o seu destino é alimentar o ORGULHO. Os orgulhosos não alcançam o destino de forma plena e não conseguem desfrutar do futuro com satisfação.

Num sábado que nunca esquecerei, tempos atrás, meu filho José, de 5 anos de idade, decidiu parar de falar comigo. O motivo? Eu não permiti que ele jogasse um jogo de luta no videogame.

Eu havia pedido que ele focasse nos jogos de esportes, como futebol ou corrida de carros porque não quero ele exposto à violência dos jogos. Apesar de lembrá-lo da minha decisão, José ficou nervosinho, cruzou os braços e gritou: "Não sou mais seu amigo".

Meia hora depois dessa sentença, voltei a falar com ele carinhosamente: "E aí filhão, vamos brincar?".

Ele, de cara fechada, insistiu: "Não gosto de você!".

Deixei passar mais vinte minutos para voltar a falar com ele. Afinal, criança não guarda rancor por muito tempo. Só que, nesse dia, José estava realmente chateado. Passaram-se horas e ele não quis falar comigo.

Meu filho ficou a tarde toda sentado no sofá sem se importar com o sábado, o melhor dia da semana para brincar. Minha filha Júlia, uma princesa inteligente, diante daquela cena, sugeriu: "Pai, por que você não faz um desenho de vocês dois de mãos dadas andando por um parque e escreve AMIGOS embaixo?".

Sorri e aceitei a sugestão. Fiz o desenho com capricho, tentando imitar o jeito dele de desenhar. Pois bem, quando ficou pronto, fui até o Zezinho e entreguei minha obra de arte. Não fez efeito nenhum. Resolvi dar mais tempo para ele e segui com meus afazeres.

Quando a noite se aproximou, fui para o quarto e comecei a me arrumar para o evento que participaria. Ao sair do quarto, já pronto, José estava chorando e arrependido. Ele me abraçou e disse que me amava. Também o abracei, e bem forte. Eu ansiava por aquele momento. Disse ao meu pequeno que sempre estaria ali para perdoá-lo e amá-lo. José riu, estava feliz.

Seus olhinhos brilhavam e ele me disse: "Vamos pai, vamos brincar!".

E eu lhe respondi, explicando: "Filho, agora não temos mais tempo. O sábado acabou, preciso sair para meu compromisso".

Sabe o que aprendi com isso? O orgulho faz você perder o tempo que deveria estar desfrutando, sendo feliz, realizando e vivendo algo inesquecível.

O orgulho não serve de nada se o seu objetivo é ser feliz.

O orgulho é incoerente com um destino próspero.

Abandone o orgulho e seja amigo da humildade, pois assim você irá muito mais longe do que pensa.

A maturidade pode definir seu nível de coerência

É bom ter uma criança dentro de você, mas não a coloque para fora em qualquer momento. Atitudes de criança são incoerentes com a idade adulta. Sem maturidade você perde relacionamentos.

O resumo deste capítulo, portanto, é: não viva uma vida incoerente. Qualquer elemento em desacordo com o seu alvo deve ser deixado para trás.

Anote seus sonhos, faça uma lista de suas habilidades naturais, entenda para onde sua Zona de Expulsão levou você (caso você já tenha passado por ela) e analise se há coerência no que você faz hoje em relação ao futuro que deseja. A incoerência é um grande inimigo do seu destino.

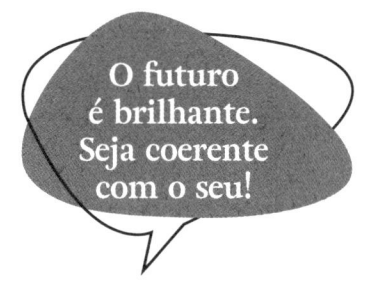

> O futuro é brilhante. Seja coerente com o seu!

Recomeçar é inevitável

"O que é o fim para alguns, pode ser o início de algo novo para outros."

Autor desconhecido

Depois de ler os primeiros capítulos deste livro, você pode estar com vontade de dizer: "Tiago, eu entendi como posso alinhar meu destino com o plano divino. Mas agora me parece tarde demais, sabe? Eu deveria ter lido isso anos atrás...".

Calma!

Pois se acha mesmo que tudo está perdido, este capítulo é para você!

Eu sei o que é recomeçar.

Desde criança, por influência da vida dentro de uma igreja cristã, eu sonhei em ser músico. No meu tempo, para se ter uma função na igreja, e isso era o desejo de todos, os meninos pareciam ter apenas dois destinos: o grupo de música ou o de teatro.

Lá em casa, éramos três irmãos e todos escolheram a música.

Comecei a aprender contrabaixo. Daniel, teclado. E Marcos, violão. O Daniel, meu irmão do meio, logo desistiu das aulas de teclado. Eu e Marcos seguimos em frente.

Quando você se apaixona por um caminho, começa a cultuá-lo.

Eu, por exemplo, passei a buscar informações mais sobre os baixistas profissionais, tornei-me leitor voraz das revistas que falavam do mundo da música.

Queria saber como eles tocavam, qual a diferença entre seus estilos. Levei a sério e até estudei na Escola de Música Villa-Lobos, no Rio, berço de grandes músicos brasileiros.

Na adolescência, além de tocar no grupo de música da igreja, eu fiz parte de uma banda que gravou até CD. Algo mais do que natural para quem tinha o meu objetivo.

Enquanto meus colegas da rua jogavam bola aos sábados, eu ensaiava no terraço de casa com meus amigos de banda. Não era uma brincadeira. Eu me via como um futuro músico profissional e, inclusive, desenvolvi talento em outros instrumentos.

Passei toda a minha adolescência sonhando com esse destino musical.

Aprendi a tocar bateria, violão, teclado. Com a minha banda, cheguei a tocar em outros estados do país e o projeto de ser músico parecia se tornar real a cada dia.

No período entre a adolescência e a juventude, experimentei uma evolução na minha, digamos, carreira musical. Comecei a produzir e a gravar com outros músicos e consegui um emprego num estúdio superconhecido.

Para um músico, isso é demais.

Poder trabalhar dentro de um estúdio e gravar suas próprias músicas era um sonho realizado. Além disso participei da gravação de grandes artistas da música brasileira.

Só que, apesar dessas conquistas, a "carreira" não tinha deslanchado como eu precisava. Percebi que eu era bom no que fazia, mas havia inúmeros músicos melhores do que eu. Vencer ali seria difícil.

No entanto, eu segui "forçando a barra" e só caí na real quando comecei a pensar em casar.

Como eu poderia sustentar uma família levando a instável vida de músico? Pois era assim: quando me contratavam para fazer arranjos para um CD, eu ganhava algum dinheiro. Quando me chamavam para tocar na apresentação de algum cantor, eu era remunerado de alguma forma. Mas e quando esses convites não chegavam?

Eu não era conhecido como músico e definitivamente não era um especialista no ramo. Vivia entre períodos de ter pouco e de vacas magérrimas.

Foi quando eu tive a chance de ficar um tempo na Suíça, o lindo país europeu. Aproveitei a oportunidade de ir servir uma igreja local como músico. Deus estava conspirando a meu favor, me mostrando novos caminhos e possibilidades, mas naquele tempo nem percebi isso.

Lá, eu produzi o CD de uma igreja e toquei em várias faixas. Era uma realização e tanto: produzir um disco na Europa!

Mas quando voltei não suportei o contraste das realidades. A grana que ganhei lá fora acabou rapidamente e eu me vi tendo que lutar, mais uma vez, para ter dinheiro. A instabilidade da vida de músico ameaçava meu grande sonho do momento: casar com a Jeanine.

Eu precisava de um salário fixo para pagar as contas sem passar sufoco. Não podia mais ficar esperando alguém me chamar para uma gravação ou para um show.

Foi difícil, muito duro, mas decidi, aos 20 anos, enterrar o "meu sonho musical". Eu era bom músico, mas não o melhor para ser contratado a todo tempo, entende? Apaixonado pelo sonho de ser músico profissional, mas entendi que ele havia desafinado.

Nesse ponto da minha vida, eu me apeguei a outra paixão: o turismo. Essa nova paixão só foi possível porque como músico fui passar um tempo na Europa.

Caro leitor, NADA é por acaso. Somos alvos de uma conspiração divina, de um plano transcendental.

E esse tempo que passei na Suíça me abriu os olhos, pois pude viajar por quase toda a Europa e conhecer várias culturas. Percebi que podia trabalhar com turismo, indicar lugares e compartilhar minhas experiências. Eu já estava me virando bem no inglês, espanhol e italiano. Me animei pela carreira no turismo.

Tinha outra coisa boa para esse ramo: por causa das relações que fiz nas igrejas, com as bandas musicais e empresários, eu conhecia muita gente, muitas pessoas para quem eu poderia vender pacotes de viagens. E foi exatamente o que fiz.

Consegui uma vaga de freelancer numa agência de turismo e passei a oferecer viagens a quem eu conhecia. Mudar de ramo foi complicado. Os dois caminhos têm natureza completamente diferentes. Num eu tocava música e recebia um pagamento. No outro, eu tinha que oferecer produtos. Mas eu aprendi a ser um vendedor de viagens. Tanto que tempos depois fundei minha própria agência de turismo.

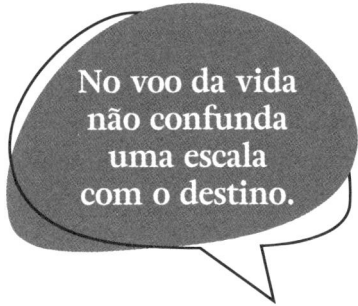

> **No voo da vida não confunda uma escala com o destino.**

Foi com muito esforço e determinação que consegui recomeçar minha vida profissional. O músico saiu de cena e deu vaga ao profissional de turismo.

Fui muito feliz naquele período, conheci lugares e pessoas incríveis pelos países que passei. Quando eu era músico, eu me preocupava se teria algum convite para o fim de semana, mesmo que fosse para tocar no bairro vizinho. Como agente de turismo, eu me acostumei a cruzar fronteiras. Num dia, estava almoçando em Roma, por exemplo. No outro, guiando um grupo por Israel.

Foi tipo um *upgrade*, mas ainda não era meu destino final, era apenas mais uma parte do caminho.

Mas, como já contei em outros livros, ser agente de viagem ou empresário do turismo também não era o meu futuro e depois de uma quebra financeira e emocional, eu tive que recomeçar outra vez para chegar aonde estou hoje.

Aprendi muito com essas experiências, muito mesmo.

Hoje, eu entendo que o recomeço é a única chance de viver nosso destino profético.

Recomeçar não é fácil, mas é prazeroso

Vamos lá: é sabido que uma das atividades que dão muito prazer ao ser humano é começar um novo projeto. Sonhar com a realização de algo faz bem a todo mundo. Nessa lista imaginária, podemos colocar aqueles momentos em que estamos dispostos a juntar dinheiro e planejar a viagem dos sonhos, fazer um curso novo que abrirá portas profissionais melhores, entrar em um novo emprego que tenha ambiente saudável e bom salário, iniciar o negócio próprio.

Todas essas coisas estimulam e excitam a nossa vida interior. Fazem-nos ver o mundo com alegria, com esperança, com otimismo. O entusiasmo toma conta do nosso dia a dia. A vida, no entanto, não é feita apenas de começos. Os meios são complicados. Os finais, às vezes, são terríveis.

Não vivemos começando projetos todos os dias ou realizando sonhos o tempo todo. Pior, nem tudo acontece na nossa vida como foi planejado. É ou não é?

O fluxo ideal de acontecimentos seria esse: começo, crescimento, sucesso e final feliz. Mas não é assim que a vida funciona. Ao menos, não para todo mundo.

Talvez uns digam: "Ah, na minha vida nada dá certo", "Meu Deus, como eu queria que tudo fosse vitória e crescimento..." ou "Você não sabe o que eu passei".

É possível que você esteja refletindo nisso agora. Pensando e tendo amargas recordações de tempos em que os planos que você começou e não saíram do jeito que era esperado, não funcionaram como planejado. Alguns faliram, acabaram com seu casamento, foram humilhados, envergonhados e entraram em uma situação de dificuldade emocional ou financeira, talvez até com sérias privações no dia a dia.

Isso é, acredite, relativamente comum em cenários socioeconômicos como o nosso. Mas a boa notícia é que seu passado não determina o seu futuro.

A decisão de recomeçar, mesmo diante do que parece impossível, pode ser a melhor opção para garantir o seu futuro.

O que você plantar neste recomeço provocará sua colheita mais à frente.

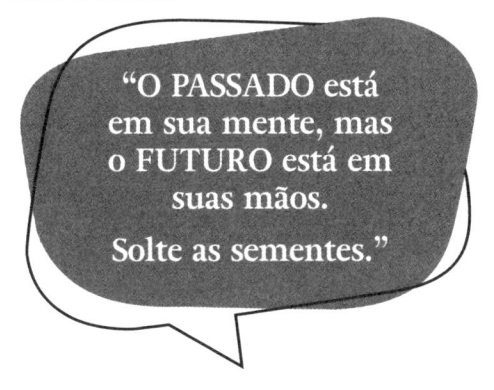

> "O PASSADO está em sua mente, mas o FUTURO está em suas mãos.
> Solte as sementes."

Frustração é o resultado de expectativas não atendidas

Recentemente, o Governo Federal brasileiro anunciou a retomada da tão esperada transposição das águas do rio São Francisco, no Nordeste, que hoje consiste em criar canais pelo território de 4 estados nordestinos, região brasileira assolada pela seca. Assim, as águas do Velho Chico, como o rio é chamado, chegariam a cidades e vilarejos carentes desse tão precioso líquido. A ideia do projeto surgiu ainda na época do Império, no Século XIX, mas só no início dos anos 1980 é que começou a ganhar força.

Bem, o anúncio do governo fez um grupo de empreendedores se mobilizar e criar uma economia promissora em regiões onde as obras estavam começando. Foram abertas lojas e serviços implantados. O aquecimento da economia local levou alegria e esperança ao povo, claro. A tendência era que o crescimento da expectativa acompanhasse o avanço das obras.

Muitos desses pequenos comerciantes e microempresários entraram no banco, tomaram empréstimo no microcrédito e também empréstimos de maior montante. Todo o cenário montado para a prosperidade, para o crescimento. Era só esperar pelo crescimento.

Só que as obras não andaram em algumas dessas regiões. Houve troca de governo, trocar de gestores. E tudo isso atrasou ainda mais. Algumas cidades e vilarejos conseguiram a tão sonhada glória trazida pelas águas do rio São Francisco, como a região de Campina Grande (Paraíba). Mas outras simplesmente não viram nenhuma gota sequer. Aquelas pessoas animadas e vibrantes ficaram sem esperança. Quase todas, endividadas com o banco e outros credores. Era preciso levantar a cabeça e recomeçar.

Há muitas histórias conhecidas que apresentam a narrativa sobre a vida de pessoas que estavam numa situação bastante confortável e segura, mas, de repente, tudo veio a baixo e foi preciso encontrar forças em meio aos escombros, pois a vida não para quando nossos planos e sonhos são frustrados.

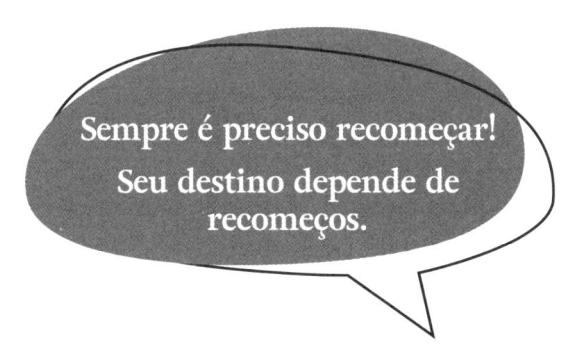

> **Sempre é preciso recomeçar! Seu destino depende de recomeços.**

Como falamos anteriormente, José é um exemplo de destino alcançado. Ele se tornou um príncipe de sua época, chegou ao topo do maior império do mundo antigo.

Durante a sua infância e juventude, comeu do bom e do melhor, ainda assim teve que aprender a lidar com a necessidade de um recomeço. Só que José acreditou que, além de sua integridade e de sua vontade de vencer, ele não estava só. Havia algo maior com ele.

Por ter sonhado o que sonhou, José realmente estava convicto que a força divina tinha um destino desenhado para ele. Então, em vez de desistir, José recomeçou!

E você?

Vai ficar do lado dos desistentes ou dos que recomeçam?

Você vai parar ou continuar?

O trabalho é o mesmo. Escolha seu lado!

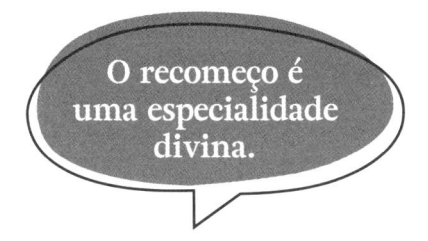

> **O recomeço é uma especialidade divina.**

Veja o caso da história de Noé, que aconteceu mais de dois mil anos antes de Cristo. O mundo estava em profunda decadência por causa das atitudes dos seres humanos. A violência e o desamor transbordavam no dia a dia daquela civilização. E tudo aquilo, claro, desagradava ao coração de Deus. Cansado de tanta maldade, Ele toma uma decisão: "Darei fim a toda carne, desde animais até os seres humanos".

O Todo-Poderoso estava decidido em acabar com sua própria criação. Era a forma de pôr um fim naquilo que o desagradava. Só que em certo momento, Ele colocou os olhos sobre Noé, um homem bom, justo, casado e pai de três filhos. Em Gênesis 6:8, está registrado que "Noé achou graça aos olhos do Senhor".

Foi o suficiente para Deus se alegrar. Um homem. Um bom coração. E, então, Deus em vez de DESTRUIR, decide RECOMEÇAR!

A história é bem famosa. Noé, debaixo de instrução divina, constrói uma grande embarcação de madeira, chamada arca. Embarcados, Noé, sua família e várias espécies de animais sobrevivem ao terrível dilúvio que castigou a terra por quarenta dias e quarenta noites. Do lado de fora da arca, restou água e morte.

Quando as águas baixaram, Noé, sua família e os animais deixaram a arca, um novo mundo estava começando.

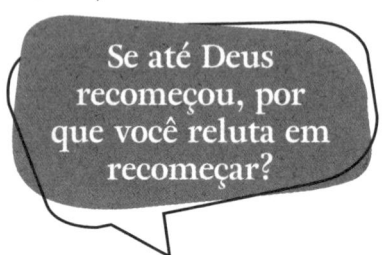

> Se até Deus recomeçou, por que você reluta em recomeçar?

Recomeçar parece trágico, mas pode ser o início de seus melhores dias

Outro exemplo bíblico de recomeço está na história de Rute, uma moabita, ou seja, natural da região de Moabe, a sudeste de Israel, também no mundo antigo.

Assim, como José, Rute acreditava no que vinha de cima, naquilo que é maior do que todos nós. Segundo os teólogos, ela viveu cerca de 1.200 anos antes de Cristo.

Rute havia se casado com um marido hebreu, e este, conforme diz a história, também era temente ao Deus de Israel. Porém, o homem morreu prematuramente e deixou Rute sozinha, o que naquela época era algo muito complicado para uma mulher.

Às vezes, perdemos pessoas e ficamos desamparados. Perdemos coisas que tiram nosso chão. Entende? Do círculo social de Rute havia apenas a sogra dela. No entanto, a mulher havia dito que, com a morte de seu filho, Rute deveria voltar para sua terra natal.

A viúva não aceitou tal orientação, apegou-se à sogra por um amor genuíno e pouco visto por aí. Pois ela tinha dado a ela o marido que tanto amou. Rute, com a firmeza de suas palavras, convenceu a sogra, e as duas foram para Israel. Lá, enfrentou um dos mais desafiadores recomeços que podemos imaginar, já que ela precisou aprender a recomeçar até mesmo uma tradição, costumes, tudo! Era outro país, outro povo, outra religião, outro tipo de alimentação.

Recomeçar não é fácil, mas é a melhor opção para quem tombou. Recomeçar é necessário se quisermos ter um fim melhor que o começo.

Na nova terra, Rute foi apresentada a Boaz, um próspero dono de terras. Ao colher cereais no campo daquele homem rico, acabou se aproximando dele. Boaz, por sua vez, foi cortês, gentil e amou Rute.

Hoje em dia isso não é fácil de acontecer. Imagine há três mil anos, quando a opressão contra a mulher era muito maior!

Contudo, nada disso impediu que uma viúva se casasse com um dos homens mais admirados da cidade. Uma viúva, três mil anos atrás, em pleno Oriente Médio.

Entenda: **existe uma conspiração a seu favor!**

Em meu livro O maior poder do mundo, explico que quem possui a graça, esse favor, essa simpatia divina, sempre é o (a) escolhido (a) em meio a milhares que estão na fila.

Algo maior está do seu lado. Tudo que temos a fazer é ACREDITAR e seguir em frente.

Apenas isso.

Tudo o que você precisa para recomeçar é FÉ, ou seja, crer naquilo que ainda não se vê.

Rute se casou com Boaz, e a estabilidade financeira e emocional que tinha em seu país era "nada" comparada à nova situação de abundância e prosperidade que ela encontrou em seu recomeço. A felicidade virou rotina. E mais: Rute e Boaz tiveram um filho, criando a linhagem da qual sairia o rei Davi. Rute, que já tinha sido uma viúva desamparada, recomeçou a vida e se tornou, para todo o sempre, a bisavó do mais importante rei de Israel.

> **O recomeço parece difícil, mas pode ser o início da melhor fase de sua vida!**

Qual foi a situação que te levou à necessidade de um recomeço?

Você já quebrou financeiramente?

Foi destruído social ou emocionalmente?

Errou em sua vida espiritual, cometeu pecados?

Sofreu humilhação pública por causa de erros de planejamento ou por erros dos outros?

Sendo assim, decida se você precisa insistir ou recomeçar.

Espiritualidade

Na vida espiritual, nós tentamos aprender com as experiências passadas. Por exemplo: quando minto para alguém, eu me debilito espiritualmente. Fico vulnerável a ataques mais densos nessa área.

"Um abismo chama outro abismo." Para manter uma história mentirosa que foi contada vou precisar cometer outros erros. Entendeu?

Para muitos, esse efeito é inimaginável. Uns até dizem, na tentativa de minimizar o feito: "É só uma mentirinha".

Mas o ato de mentir é como provar uma comida. A pessoa coloca uma colherada na boca, mastiga e engole. A comida vai para o estômago e deixa gosto na boca. A mentira tem uma ação invisível muito semelhante. Não tarda, e a pessoa já prova outra "colherada".

Quando desejo o que não é meu, viro alvo fácil para a inveja, que, na verdade, é um desequilíbrio espiritual. Então, preciso sobreviver a isso e aprender com a má experiência. Uma vez que aprendi a lição, decido não mentir, não desejar o que é dos outros, e assim me blindo espiritualmente. No fundo, eu me sinto forte e aumenta em mim o desejo de me conectar com algo maior por meio de conversas íntimas (o que chamamos de oração).

Mas, na vida emocional, como também na financeira, não queremos ter essas experiências, pois nós as vemos como negativas demais para as suportarmos.

Parece que é mais fácil buscar ajuda espiritual, do que emocional e financeira.

Ouvimos, lemos, queremos saber dessas experiências na vida dos outros. Na nossa... nunca! De preferência, que fiquem longe. Não queremos experimentar situações assim, porque implica em ter de começar do zero, isto é, recomeçar.

Sabemos que podemos errar por conta própria algum dia. Mas nem sempre temos a consciência de que, em alguma situação, o erro será cometido por outra pessoa, só que a conta a pagar será colocada na nossa mesa.

José e Rute são bons exemplos disso também. Ele não cometeu erros, mas os irmãos dele o invejaram. Rute perdeu o marido e ficou só. Que culpa ela teve? Como poderia deter a morte?

Há desencontros e perdas inevitáveis nesta vida. Logo, o importante não é saber chorar e se conformar. O importante – e necessário – é estar sempre disposto a recomeçar. Pois o nosso destino depende disso.

Destino é tudo!

Assim, nós podemos fazer planos, idealizar, sonhar, mas não podemos perder de vista que há um plano superior e que mesmo quando tudo muda da noite para o dia, TUDO está sob o controle de Deus.

Essas linhas acima podem parecer angustiantes para uns e esperançosas para outros. Mas, que fique claro, não estou dizendo que isto vai acontecer, cedo ou tarde, na vida de todos. Se seus propósitos estiverem alinhados com o plano superior, sua vida seguirá em linha reta, diretamente para a felicidade.

Mas se você estiver vivendo uma vida que não é a sua, logo irá bater de frente com a realidade. É nesse ponto – muitos já o conhecem bem – que você precisa optar por recomeçar e recomeçar do jeito certo.

Lembra que linhas acima eu falei sobre oração?

Essa é a forma de se conectar com Deus. Muitos só sabem pedir a realização de seus sonhos. E quem disse que seu sonho é o melhor para você? E se você, simplesmente, falasse assim: "E agora, Deus, para onde devo ir?".

O sonho do meu filho de 5 anos é ter uma Ferrari, mas não posso dar isso para ele. Não tem sentido!

Sendo assim, como crianças diante de Deus que somos, em vez de pedir o que queremos, deveríamos dizer: Seja feita a sua vontade!

Porque a mente humana é ágil em criar mil possibilidades de ação e reação. Mas é Deus quem sabe o melhor caminho. Sabe por quê? Porque Ele vê do alto. Ele já viu o futuro.

Quando você se coloca nessa posição, a de ouvinte, a Conspiração Divina entra em ação.

Pode ser que surja alguém que você nem imaginava existir para oferecer exatamente o que estava precisando.

Talvez você irá se lembrar de algo que aconteceu há anos e que agora é a lição perfeita para solucionar sua situação.

Tudo vai cooperando para que você possa se reerguer e recomeçar o seu caminho. Pode não ser no tempo que você deseja? Pode. Mas o melhor final vai chegar? Com certeza.

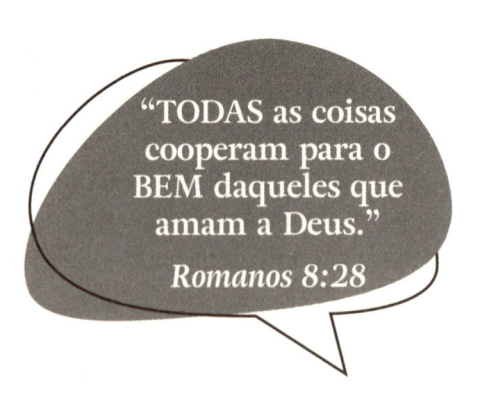

> "TODAS as coisas cooperam para o BEM daqueles que amam a Deus."
> *Romanos 8:28*

Depois disso, esteja ao lado de pessoas que sabem mais do que você, ouça conselhos de quem vence, tenha mentores.

O passo seguinte é observar os resultados do seu caminho. Se eles não são bons, é preciso repensar a caminhada. Se suas estratégias até hoje não deram certo, talvez seja o momento de realinhá-las.

Lembre-se de que é importante ter em mente que o que nós pensamos e vemos como sendo perdas e desvios do plano original, pode, na verdade, ser o aprendizado que nos levará a uma vida mais sólida e próspera!

Essa é a chave do recomeço: se estamos de fato confiando na conspiração divina, o controle da situação não estará em nossas mãos.

Devemos tomar as decisões com a intenção de alinhar nossa vida com o Plano Superior. A atividade é nossa, contudo, a direção será sempre Dele.

Vivo sem dúvidas o meu destino hoje em dia. Viajo o mundo transformando a vida das pessoas por meio do conhecimento. Seja na forma de palestras, exposições bíblicas ou livros. Porém passei pelo "vale da sombra da morte". Depressão, ataques de pânico, quebra financeira e humilhações indizíveis.

Se passei por isso, como estou de pé hoje cumprindo o meu propósito? Porque decidi RECOMEÇAR usando os conceitos que lhe ensinei até agora.

Continue lendo este capítulo com atenção total. Deu certo pra mim!

As dores da caminhada

Enquanto considerarmos a nossa dor e dermos a ela mais valor do que realmente ela merece, enquanto a força que ela exerce sobre nós for mais forte do que o nosso GPS espiritual, enquanto a sua perda causar maior sofrimento e lamento a você do que a vontade de se REFAZER, você ficará andando em círculos, sem avançar para lugar algum.

Mas, quando acontece o contrário e encaramos séria e realisticamente a situação, tomamos a decisão de recomeçar com a SABEDORIA divina, e é certo que faremos tudo diferente do que foi feito.

> Não adianta recomeçar fazendo as mesmas coisas que antes.

A necessidade de recomeçar nos oferece a oportunidade de ter um novo olhar sobre a vida, as pessoas, o mundo, os negócios, as relações sociais. Sobre tudo.

E poder dar um novo olhar no meio do caos é uma oportunidade que poucos aproveitam. Foi assim que minha vida mudou!

Em meio à pior fase da minha vida, decidi não sofrer, mas aprender com tudo aquilo. Recomecei me afastando de TODOS os erros que um dia me fizeram cair.

Há pessoas que são iluminadas e conseguem enxergar aquilo que é bom em meio a uma situação nebulosa. No início do livro de Gênesis, o autor começa dizendo que céus e terra haviam sido criados.

Estudiosos falam que essa primeira afirmação foi um fato consumado: céus e terra foram criados e finalizados. Mas a frase seguinte diz que a terra estava sem forma, isto é deformada, vazia, e havia caos no planeta.

Segundo teólogos, entre a primeira afirmação e a segunda houve um desastre, que pode ter sido a queda de um meteorito ou, segundo outra corrente, a queda do anjo expulso do céu. Isso não importa aqui, o que interessa é o resultado: a terra ficou sem forma e vazia e havia trevas sobre ela.

Deus tinha concebido uma situação, mas ao olhar para o planeta, viu que aquilo que havia criado fora destruído completamente. O que era preciso fazer?

Recomeçar, e foi isso que Ele fez.

Então, logo em seguida o texto diz que houve uma ação sobrenatural e, daí para frente, penso que você conhece a história: houve luz, houve terra seca, surgiram os mares, as plantas, os animais, peixes, aves e, finalmente, o homem foi criado. Isso se chama recomeço, e o especialista em recomeçar é Deus!

Que lição prática podemos tirar disso?

A lição que eu faço entre esse exemplo e o nosso dia a dia é sobre o caos que estamos sujeitos a enfrentar. Tem dias que meteoritos caem no que estávamos construindo. Podemos reclamar e desistir, ou aprender e recomeçar.

É possível que as pessoas não renovem o seu conceito a nosso respeito e continuem nos vendo com os mesmos olhos. É possível, como de fato acontece, que elas não deem a nós as mesmas credenciais depois que sofremos perdas, quedas, falência.

> **Mas ninguém continua o mesmo depois de superar uma dor.**

O problema, então, não estará em nós, mas nelas. É como diz uma famosa frase dita por Jesus: "Mas se os seus olhos forem maus, todo o seu corpo será cheio de trevas. Portanto, se a luz que está dentro de você são trevas, que tremendas trevas são!" (Mateus 6:23).

Do contrário, pessoas que procuram enxergar coisas boas no meio do caos têm luz nos olhos e essa luz ilumina todo o seu corpo, sua vida e seu caminho.

Essa pessoa irradia!

> **A nossa força interior e a ação transcendental sobre nós será outra.**

Recomeço é oportunidade

Quando estamos dirigindo guiados por um GPS e entramos em uma rua errada, automaticamente ele fala:

"recalculando a rota". Que alívio imenso é saber que você teve a chance de voltar para o caminho certo.

Uma das vantagens do recomeço, ou seja, uma maneira de olhar com luz para a nova situação que temos diante de nós, é não precisar cometer os mesmos erros do passado.

É tão bom quando a pessoa aprende com os erros e procura inovar, fazer diferente, contornar um caso negativo. Mas, antes disso, é preciso aprender com o que se passou.

Qual é a oportunidade que há quando o caos se instala, quando há uma quebra ou uma grande perda?

Deus ama tanto o recomeço e tem tanta luz que vislumbrou a oportunidade de salvar toda a Humanidade que viesse a crer quando a situação no judaísmo antigo ficou insustentável. As cerimônias, rituais e liturgias do judaísmo antigo não podiam levar sequer os próprios judeus ao arrependimento e a uma mudança de vida, que dirá os outros povos!

Mas era preciso fazer algo no campo espiritual e simbólico que transformasse a situação falida na qual os sistemas religiosos e filosóficos se encontravam. Então, Deus decidiu enviar uma parte de Si mesmo em formato humano: Jesus, para que assim o tempo da Lei e regras terminasse e fosse inaugurado o tempo da graça. O tempo em que temos acesso direto a Deus.

Ele mudou os meios, aproveitando a situação negativa, e criou a igreja a partir do recomeço, a partir do evento "Cristo".

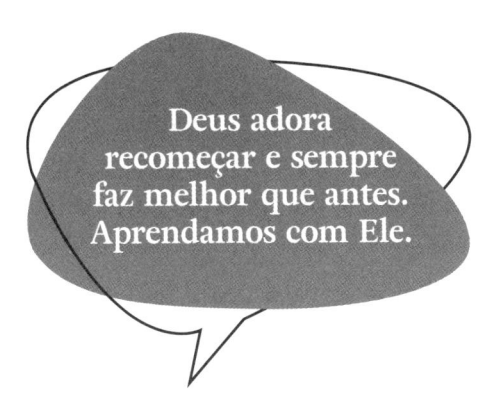

> **Deus adora recomeçar e sempre faz melhor que antes. Aprendamos com Ele.**

É interessante uma fala de Jesus que leremos a seguir. Ela nos retira desse caos espiritual e social das religiões, das culturas e costumes, e oferece a oportunidade de sintetizar um recomeço.

Sabemos que a pedra de toque das religiões e filosofias orientais é o caminho ideal para o equilíbrio.

Esse pensamento é recorrente nos textos e na prática cotidiana em povos da Índia, da China e do Oriente em geral. Eles procuram "o caminho" ideal.

Já entre os gregos, que deram o fundamento de toda a filosofia ocidental, a grande busca era pela verdade: a pergunta de Pilatos no tribunal reflete isso:

"Que é a verdade?".

Já as religiões de matriz mesopotâmica e canaanita eram marcadamente ritualísticas. Em geral, seus ritos envolviam sacrifícios com sangue, porque, para eles, pelo sangue se obtinha o resgate de uma vida perdida.

Acontece que esses sistemas que iam do Oriente ao Ocidente não estavam mais funcionando. Já não promoviam uma mudança na disposição mental das pessoas, pois eles caíram no tradicionalismo, na mesmice. A vida não tinha resultados e os avanços esperados.

É tão ruim quando nos acostumamos com uma situação, pois o costume leva a fazer sempre as mesmas coisas do mesmo modo. Fica excluída a necessidade de inovação, de reformulação. Nesses casos, é bom que haja um trauma, uma quebra, pois daí surge a oportunidade de mudança.

Mas voltemos ao caso dos 3 grandes sistemas filosófico-religiosos antigos. Quando Jesus alcançou determinado ponto de seu trabalho, quando Ele chegou a um estado-chave dos discursos e manifestações de curas e milagres, foi feita uma declaração que poucos compreenderam: "Respondeu Jesus: 'Eu sou o caminho, a verdade e a vida. Ninguém vem ao Pai, a não ser por mim'" (João 14:6).

Jesus estava propondo um recomeço para todas as religiões e a todos os sistemas filosóficos do planeta, a partir da pessoa Dele.

Um recomeço unificado, centralizado Nele, para que não houvesse mais atritos, nem guerras, nem perdas, nem condenações. Todas as vezes em que nos dividimos, sofremos com isso. Mas todas as vezes em que nos unimos a Deus no seu plano sobrenatural, é certo que encontraremos nosso destino.

Jesus foi o único a pregar o amor incondicional. A amar os inimigos, a orar pelos que nos perseguem. Se o mundo tivesse seguidos seus conselhos, não teríamos tantas perdas em guerras, corrupção e destruição social como vemos hoje.

Se você quer aprender a ser alguém relevante nessa Terra, estude a vida de Jesus.

O que temos feito com as oportunidades que nos têm sido dadas?

Sabemos que no plano transcendente, que nos levará ao futuro de paz e prosperidade, a cada manhã são disponibilizados para cada um de nós novos recursos, para enfrentarmos as questões diárias.

Posso recomeçar a dieta que dará um destino saudável ao meu corpo.

Posso recomeçar o propósito de tratar as pessoas que amo com mais carinho e respeito.

Posso recomeçar tanta coisa, cada manhã que nasce é uma chance.

> Cada manhã é um recomeço!

Se esses recursos são renovados diariamente, resta responder uma pergunta: o que temos feito com eles?

A abundância da misericórdia divina que temos recebido por poder viver e empreender num país livre devem ser percebidas por nós nesse fato patente, de que elas são renovadas a cada manhã.

Penso que será impossível a qualquer um de nós esgotar o suprimento diário desses recursos, e, mesmo assim, o plano sobrenatural não precisa que acumulemos para o dia seguinte o que recebermos hoje, porque no dia seguinte, haverá novos recursos, novas ideias, nova força interior.

Deus aparecerá com um novo suprimento de oportunidades e novas portas serão abertas, novos contatos vão aparecer diante de nós, novas perspectivas surgirão ao olharmos os problemas com a maturidade do dia de amanhã. Isto acontecerá porque Ele tem – para cada um de nós – um propósito maravilhoso e abençoador a cada manhã!

É curioso que a Escritura diga que as misericórdias em nossa direção são novas a cada manhã e que há fidelidade das forças sinérgicas em nosso favor.

Essas forças são todas aquelas que nos favorecem a fim de nos levar do ponto A ao ponto B. Elas podem ser circunstâncias, acidentes dos quais tiramos bom proveito, aquela "feliz coincidência" de conhecer uma pessoa-chave numa festa ou no elevador.

Há várias coisas que poderiam ser apontadas aqui. Ainda que sejamos infiéis, displicentes com o nosso futuro, a condução dessas forças movidas pelo plano sobrenatural e aquele que rege esse plano permanecem fiéis. Ele não muda com as circunstâncias, nem varia de acordo com o nosso humor. Que bom que é assim!

É muito comum ver pessoas que procuram se cercar de crendices, de superstições e rituais cotidianos, pensando que, deste modo, podem se proteger de mau olhado, olho grande ou gordo. Mas o que, de fato, irá nos proteger das forças más, do mundo espiritual e também das forças do mercado e da economia? O que irá nos levar ao destino previsto e tão desejável?

Retenha aquilo que está ligado à maturidade e à sabedoria para o seu recomeço. E não tente segurar com você aquilo que é preciso que saia da sua vida. Isso valerá também para pessoas que estão à sua volta.

> **Celebre quem entra na sua vida, mas não reclame de quem saiu.**
> *Tiago Brunet*

Veja a história de grandes CEOs, profissionais inovadores, criativos e de altíssimo rendimento. No início de suas carreiras, eles estavam imersos em um contexto A, de onde o *start* é dado para o projeto que faria deles referência dentro de determinada área ou campo de conhecimento, da tecnologia ou qualquer outra área do empreendedorismo. Como no caso do lendário Steve Jobs, co-fundador da Apple.

Nesse momento A, aconteceram fatos necessários naquela etapa da jornada; pessoas que fizeram parte do networking em uma situação específica, recursos que estavam à mão.

Acontece que homens como Steve não nasceram grandes e o recomeço, é claro, não foi o auge de sua história, muito menos o momento mais delirante do filme de sua vida. Porém, foi o início do *gran finale* do espetáculo. Quando Jobs foi expulso de sua própria empresa pelo conselho da Apple, o recomeço foi sua única opção. Empresas como a *Next* e a *Pixar*, fundadas por aquele que se tornaria o inventor do iPhone, são frutos disso.

No momento B, essa pessoa, destinada por algo maior para uma grande inovação ou uma revolução no paradigma, teve outras prioridades, outras necessidades – que não foram as mesmas do primeiro momento.

Sendo assim, há recursos e capital humano que a nova situação, por si mesma, requereu. Por isso, é preciso estar atento para perceber essa transição sutil e preparado a fim de se desprender daquilo que é próprio apenas ao momento que já passou.

O andaime é importante, mas apenas para uma das etapas da obra. Em certos níveis da construção, ele já não serve mais.

Se não soubermos deixar para trás aquilo que é temporariamente útil, um homem já adulto, por exemplo, não sairá da casa de seus pais nem mesmo aos 40 anos de idade. Ele provavelmente não se casará, não assumirá a responsabilidade de ter filhos e não alçará voos profissionais ou financeiros. Pois não consegue se desprender do que antes era fundamental, mas que, em outra fase da vida, se torna apenas secundário.

Se nós temos o hábito de ficar presos a coisas e a pessoas, Deus não tem esse hábito. A cada manhã, Ele deleta as coisas negativas do dia anterior e abre um arquivo novo.

Novos começos, novas companhias

Para finalizar, nós precisamos tomar ciência de que esses recomeços são condicionais. Veja um exemplo bastante conhecido na oração do Pai-nosso, quando diz: "Perdoa-nos assim como temos perdoado".

Essa expressão "assim como" é uma analogia proposta por Jesus. Ele quer que tomemos ações pensando no coletivo, num *networking*: faça aos outros o que espera que seja feito a você!

Essa é a chave.

Deus está conspirando a seu favor nesse exato momento; Ele está preparando algo para que o próximo tempo seja de boas notícias no teu caminho.

Você irá experimentar a conspiração sobrenatural na sua vida quando estiver disposto a recomeçar. E para isso acontecer, será necessário usar ferramentas virtuosas que têm sido dadas a você por meio das dificuldades diárias, como a maturidade e a sabedoria. Viu?

> "Tudo tem um propósito debaixo do céu."
> *Eclesiastes 3:1*

Você precisará de discernimento para saber por quais portas não poderá passar, quais caminhos não poderá trilhar, quais são as pessoas que você deve se afastar e quais são as que têm que estar perto.

No recomeço, rumo à próxima fase, o que irá ficar para trás e o que lhe acompanhará?

Na vida de Abraão, houve familiares e amigos dele que não saíram da terra quando Deus o chamou para a fase B. No entanto, havia a fase C, e para essa fase, Ló, seu sobrinho, precisou ficar para trás. Somente assim Abraão pôde avançar.

No seu recomeço, nem todos que fizeram parte do seu passado estarão com você no futuro. Acostume-se a isso!

Deus está no controle de TUDO!

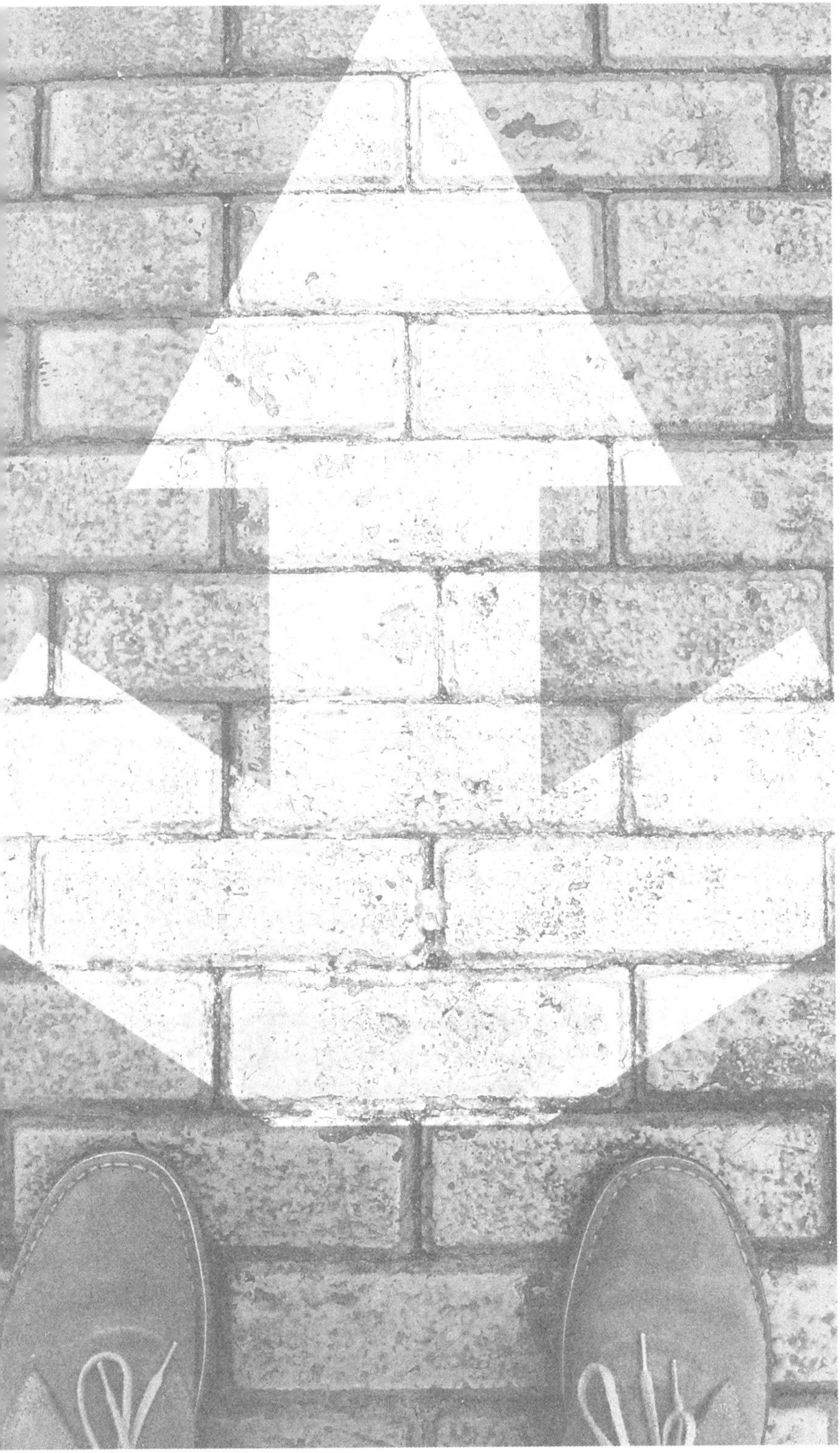

Não deixe nada para amanhã

"O dever adiado é o prazer do diabo."

Ditado popular

Muita gente não vive seu destino, pois deixa para amanhã o que deveria ter feito hoje. Tem gente deixando um almoço de negócios que mudaria sua vida financeira para depois, por exemplo. A falta de conhecimento cega os olhos daqueles que deveriam enxergar as oportunidades.

A busca pelo futuro pessoal e bem-sucedido envolve, como qualquer outro projeto de vida, a organização interior dos procedimentos, dos recursos disponíveis, além do planejamento de etapas e outras ações específicas que estão de acordo com o caminho que estamos trilhando.

Nada é por acaso, destino é tudo!

Mas como você alcançará e viverá o seu destino se não faz o que deve ser feito HOJE?

Jesus pensou em deixar para depois a sua missão quando disse: *Se possível, afasta de mim este cálice.*

Mas como sabemos, o Mestre era perfeito e nos deu exemplo em tudo. Ele venceu o medo, a procrastinação e entregou sua vida sabendo que era o momento certo de fazê-lo. Acredite: se você quer entender sobre destino, precisa estudar a vida de Jesus!

Inimigos do caminho

O inimigo número 1 da organização, da avaliação, do planejamento e da execução de ações estratégicas em nossa vida se chama PROCRASTINAÇÃO. Ou seja, deixar para amanhã o que você pode e deve fazer hoje. Aliás, esse é um dos mais antigos conselhos deste mundo e com certeza você já ouviu isso antes.

O passo inicial é focar na questão número 1: a organização interior.

A organização interior nada mais é do que parar para pensar, refletir ou filosofar sobre você e seus movimentos. Eu faço muito isso!

Na vida, como num jogo de xadrez, precisamos pensar e movimentar. Acredite: foi esse simples ato de pensar e movimentar, pensar e movimentar, pensar e movimentar que me fez correr mais rápido para o meu destino. Não atrasei nenhuma jogada no tabuleiro da vida. Talvez por isso esteja vivendo o que vivo hoje.

Pensei sobre o meu futuro quando ele ainda não existia. Pude me movimentar para que ele se tornasse realidade, pois havia um projeto, uma organização interior. Entende?

Organizar-se internamente é pensar com seriedade a respeito do problema que estamos enfrentando, e não apenas se preocupar com ele. O mesmo vale quanto ao seu futuro. Se preocupar não resolve, pensar e movimentar, sim!

Organizar-se é avaliar a sua posição no jogo da vida, os seus recursos em mãos, a sua base de segurança (em meu caso, a família e minha vida espiritual), os recursos futuros e as responsabilidades que deverá assumir para tomar o controle de sua existência. A falta de organização é e sempre será um dos inimigos de nosso futuro brilhante.

Quando você começa a viver o seu destino, você é muito beneficiado, mas acredite que não é o único. Há pessoas ao nosso redor que serão enriquecidas por aquilo que temos, sabemos ou fazemos. Sempre que desvendamos o nosso futuro, montamos projetos que ajudam muitas pessoas.

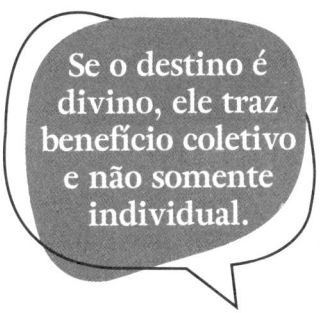

> Se o destino é divino, ele traz benefício coletivo e não somente individual.

Veja o caso de Martin Luther King Jr., o grande líder do movimento pacifista por igualdade nos Estados Unidos. Ele cumpriu seu destino, o de lutar, liderar, inspirar, e todos os negros americanos foram beneficiados. Antes de Luther King Jr. e de outros importantes ativistas do movimento, os negros americanos não podiam votar, entrar em determinadas lojas, sentar nos bancos da parte da frente dos ônibus (isso em alguns estados dos Estados Unidos). A luta deles mudou a realidade de milhares de pessoas.

Recebo centenas de depoimentos semanais de pessoas que afirmam que foram completamente transformadas depois que passaram por um dos meus seminários, cursos, leram um livro ou assistiram a um dos meus vídeos na internet.

Quase todos da minha equipe já me escreveram dizendo o quanto o cumprimento do meu propósito de vida mudou o destino deles. Um dos coordenadores do instituto viajou para os Estados Unidos comigo e no voo de retorno veio comentando como sua realidade havia sido transformada por eu estar vivendo o meu destino.

> TODOS ganham quando você faz o que tem que fazer!

Temos recursos como seres humanos; eles podem ser emocionais, intelectuais, materiais e de capital humano, como, por exemplo, uma boa rede de contatos.

> Aprendemos, logo, crescemos.

Ainda que sejamos grandes por dentro, em muitas ocasiões, somos resistentes a usar o que temos. Parece que queremos economizar alguns recursos.

Meu conselho para você é: se está disponível em você, não economize, compartilhe!

É como se um jogador de futebol recebesse a bola dentro da área adversária. Ele olha para a meta e vê que o goleiro está caído no chão. Ou seja: é ele e o gol. A torcida já grita, numa maravilhosa explosão de alegria, só que o atacante decide não chutar a bola, pois prefere "guardar" aquele gol para outra oportunidade.

Isso não existe!

Definitivamente, isso não é comum. Só que, por mais que seja inadmissível pensar nessa situação, é exatamente assim que agimos no nosso dia a dia. Deixamos para o próximo jogo o gol que deveríamos fazer agora.

Quando deixamos para depois o que tínhamos que fazer hoje, muitos perdem conosco. Muitos deixam de ser beneficiados. Imagine a torcida frustrada porque o atacante decidiu não fazer aquele gol. Pense na reação dos patrocinadores do time, dos companheiros de clube. Um misto de revolta e desconfiança logo surge.

Todos perdem quando você não faz o que deveria fazer. Imagine como estaria a vida das pessoas que dizem ser ajudadas diariamente por nossos vídeos, minha equipe que cresce junto comigo, se eu estivesse deixando para depois as viagens, a leitura, a convivência com pessoas melhores do que eu, as horas dedicadas a escrita, aos seminários e a gravação de vídeos para a internet?

> A procrastinação também é um ato de egoísmo.

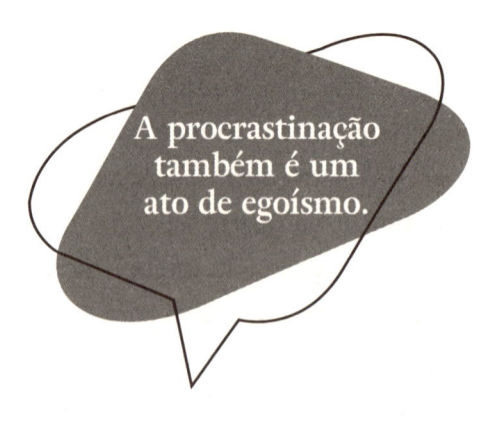

Pessoas egoístas não podem crescer e, dificilmente, entenderão e cumprirão o seu destino. O egoísta não cria redes de relacionamentos, não semeia boas sementes, ele deixa coisas para depois porque só pensa no melhor momento para ele.

Lembro-me da história contada por um de meus editores sobre um senhor de 70 anos de idade que procurava recolocação profissional. Ele tinha sido representante comercial em uma gravadora de músicas e queria retornar ao mercado. Na tão esperada entrevista de emprego, o contratante perguntou se ele, ao longo de décadas no mercado fonográfico, teve problemas com os lojistas. O homem respondeu: "Eu não plantei espinhos, então posso andar descalço".

Por mais que este senhor tenha plantado coisas boas, será que ele semeou todas as sementes que possuía? Afinal de contas, aos 70 anos de idade é preferível estar em casa cuidando dos netos, bisnetos e trabalhando intelectualmente em livros e artigos, e não procurando recolocação no mercado de trabalho.

Pessoas que semeiam sabedoria, conhecimento, atenção, enfim, as virtudes espirituais, podem andar descalças, pois dificilmente algo causará dano a elas.

São pessoas que serão lembradas pelo que fizeram e pela forma que fizeram. Quem semeia errado ou deixa de semear, jamais será lembrado.

> **Seu destino é criado pelas sementes que você plantou.**

Vamos tomar outro exemplo do mundo corporativo, o de uma empresa de ponta, como a montadora de veículos Toyota. Há muitos anos, a montadora japonesa Toyota Motor criou a filosofia administrativa que foca na produção sob demanda. Se não houver demanda, isto é, procura ou necessidade, não haverá produção.

Fazendo isso, ela prioriza o cliente, pois evita gastos desnecessários, podendo oferecer um bom produto a preço justo, e diminui o desperdício, evitando perdas e investimentos que descapitalizam outros setores da empresa.

A linha de produção, então, funciona a todo vapor, mas os fornecedores só entregam e faturam quando determinada peça está no final do estoque. Com isso, além dos benefícios já citados, ela também melhora a situação do estoque, porque diminui o gasto com enormes galpões, uma vez que utiliza pouco espaço para pouco estoque.

O que eu quero dizer com esta história é que fazer o que deve ser feito não está ligado a fazer MUITO, mas a fazer CERTO!

> Prosperar não significa trabalhar muito, mas trabalhar certo.

Imagine os benefícios disso num país pequeno como o Japão, uma pequena nação que visitei umas cinco vezes. Sempre aprendo quando estou por lá! Eles não deixam nada para depois e quando fazem, fazem certo!

Poderíamos imaginar também como eles se protegem, caso, por uma infelicidade, houvesse um incêndio ou acidente natural, como terremotos (que são comuns no Japão) e enchentes. Todos esses problemas são evitados com a aplicação da filosofia *Just in time*, que em português significa "na hora certa", "no momento certo".

> A procrastinação não é apenas a ladra do tempo; é também o sepulcro da oportunidade.

Faça agora e faça direito

E nós, o que podemos aprender com essa filosofia?

Tenho observado como a maioria de nós tem economizado os recursos que possui. Há pessoas que acumularam conhecimento, recursos e habilidades ao longo do tempo, mas parece que estão guardando isso para dias futuros.

Mas o futuro é certo?

Você tem certeza que estará vivo na próxima semana?

Em outras palavras, elas deixam de montar suas redes, deixam de enriquecer as pessoas à sua volta e retém o que poderia ser usado na construção de uma melhor *network*, de um ambiente melhor e, por que não falar, de um mundo melhor?

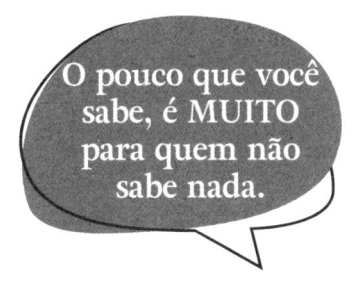

> O pouco que você sabe, é MUITO para quem não sabe nada.

Um conselho: nunca deixe de ensinar algo para alguém!

Há pessoas conscientes sobre a existência da conspiração divina a seu favor. Essa conspiração cuida para que a sinergia entre as forças divinas e humanas, operando em nosso mundo, aproxime aqueles que precisam estar por perto e afaste pessoas cujo prazo ao nosso lado já se esgotou, traz recursos diários a serem utilizados, cria circunstâncias favoráveis para o nosso sucesso.

Pessoas que acreditam em algo maior e confiam nessa realidade que está acima de nós, sabem que seus recursos são inesgotáveis. Portanto, eles não acabam quando usados, ainda que em grande quantidade.

Pode a sabedoria de Deus ser esgotada numa enciclopédia? Não, nem mesmo se utilizássemos todos os servidores do planeta!

Então, se você tem um conhecimento sábio, não irá retê-lo, porque isso é divino. Nele, as fontes de sabedoria não se esgotam.

Tudo que Deus colocou em você é para ser investido nessa geração, neste tempo. Seu talento deve ser usado agora, suas habilidades devem servir as pessoas no presente.

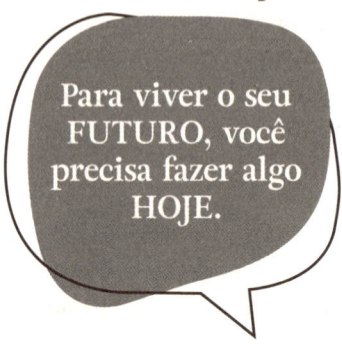

> Para viver o seu FUTURO, você precisa fazer algo HOJE.

Eu lhe garanto que quanto mais você semeia, mais sementes o Criador colocará em suas mãos.

Como pode ser lido em 2 Coríntios 9:10, em uma carta do apóstolo Paulo, Deus dá semente a quem semeia. Ele não dá ao preguiçoso, ao medroso, ao egoísta. Ele dá a quem está semeando. O mesmo texto diz, ainda, que Deus vai multiplicar a semente. E ele faz isso para que ela nunca esgote.

Funciona como uma fonte de água mineral: foi colocada ali por Deus, por isso todos podem tirar água e ela nunca acabará. Fontes divinas são inesgotáveis!

Pessoas que têm consciência disso costumam ser menos ansiosas com o dia de amanhã. Se elas têm diante de si uma oportunidade ou uma pessoa que pode receber o recurso que está com elas, costumam entregar tudo hoje mesmo. Elas sabem que amanhã será outro dia, um dia com novos recursos e novas oportunidades.

Salomão, o rei sábio, disse há três mil anos:

Não diga ao teu próximo: 'Vai, e volta amanhã que te darei, se já o tens contigo.
(Provérbios 3:28)

Isso é sabedoria milenar dos judeus e é útil até os dias de hoje. O nosso estoque de sabedoria e conhecimento intelectual é o que alimenta o nosso espírito. Sendo assim, eu pergunto: o mesmo não acontece com a comida que apodrece, com o alimento do nosso corpo?

Em tudo, há um prazo de validade que precisa ser respeitado. Depois de determinado período, a comida não serve para mais nada e seu único destino é a lixeira. Em relação ao alimento emocional, intelectual e cognitivo podemos seguir com a mesma lógica.

SUPERVISÃO ESPECIALIZADA

Quero usar outro texto da sabedoria milenar, o que alguns conhecem como Bíblia, para mostrar o que aconteceu na história do povo judeu. Segundo a Bíblia, um rei perdeu a batalha contra o país vizinho, pelo simples fato de ter retido aquilo que deveria ter sido usado de uma só vez. Isso mesmo! Às vezes, perdemos batalhas na vida porque não usamos toda munição que tínhamos para usar.

O texto na íntegra está no segundo livro de Reis 13:14-15:

E Eliseu estava doente da enfermidade de que morreu, e Jeoás, rei de Israel, desceu a ele, e chorou sobre o seu rosto, e disse: 'Meu pai, meu pai, o carro de Israel, e seus cavaleiros'. E Eliseu lhe disse: 'Toma um arco e flechas'. E tomou um arco e flechas.

Israel estava em guerra contra a Síria, e o rei Jeoás foi procurar o profeta durante um momento delicado de seu povo, pois Eliseu funcionava como uma espécie de vidente. Ele era uma pessoa que ouvia a Deus e previa o futuro, além de ser considerado um dos grandes nomes da nação naquela época. Eliseu era, sobretudo, um personagem consciente a respeito de como a ação divina age na vida humana.

Infelizmente, a maioria dos nossos problemas têm nos cegado de tal maneira que perdemos o rumo certo, perdemos o equilíbrio emocional e, muitas vezes, sequer conseguimos acreditar e fazer as coisas que são óbvias: procurar ajuda e supervisão especializada.

Há problemas que nos desajustam de tal maneira que entramos em desespero e ficamos sensíveis a dar crédito a qualquer coisa que prometa nos ajudar a sair do buraco. No momento em que precisamos de maior lucidez, nos voltamos para o lado onde há trevas mais densas.

Entenda que, recebemos de maneira graciosa e abundante, o entendimento da natureza das coisas da vida e o conhecimento técnico que faz de nós melhores naquilo que fazemos. Mas, infelizmente, há pessoas que preferem acreditar em crendices que não as levarão a lugar algum e que podem complicar situações que já estão delicadas e complexas.

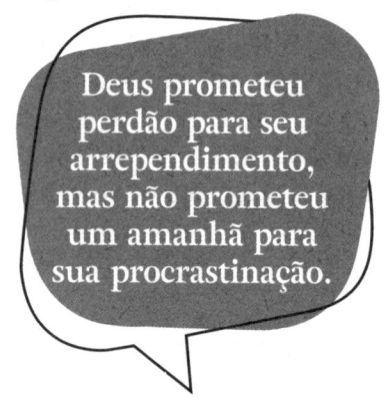

> Deus prometeu perdão para seu arrependimento, mas não prometeu um amanhã para sua procrastinação.

Qual foi a orientação dada pelo profeta ao rei? Trazer um arco e algumas flechas. Israel estava em guerra e, normalmente, em situações assim, o rei era o comandante do exército nacional. Reis nem sempre ficam nos palácios, grandes líderes nem sempre passam o dia no conforto do ar-condicionado, em uma cadeira de couro confortável e diante de uma bandeja com café expresso, suco e água.

A história mostra que o grego Alexandre, o Grande (356 a.C.-323 a.C.), o militar francês Napoleão Bonaparte (1769-1821), o imperador mongol Genghis Khan (1162--1227), o rei Davi e todos os outros grandes líderes que conquistaram povos e territórios, amealharam riqueza e tesouros pelo o que fizeram nos campos de batalha. Eles não pouparam recursos para combater seus inimigos, proteger seus povos e aumentar seus domínios.

O rei fez o que o profeta orientou e trouxe o arco e as flechas, uma porção delas. Quem era o guerreiro experiente entre os dois homens? O rei Jeoás. Mas o que havia de especial na experiência de Eliseu, ou melhor, por que um soldado experiente deveria procurar um místico, um homem da área da espiritualidade? Você consegue enxergar a relação?

Os recursos que temos e utilizamos no dia a dia não são feitos só de um único tipo de matéria. O mesmo pensamento pode ser usado para analisar a vida e as relações humanas, sociais, políticas, econômicas, familiares e espirituais. Cada área tem suas características e geram conhecimentos distintos.

Uma pessoa que ocupa posições em várias áreas, não poderá depender apenas de um conhecimento geral. Ela deverá desenvolver conhecimentos específicos para poder executar papéis diferentes. Esse é um aspecto.

O outro aspecto é que, em cada papel, ela também dependerá de diversos tipos de conhecimento. Por exemplo: um síndico, para ser eficiente, precisará, inevitavelmente, ter conhecimentos mínimos de administração de recursos humanos, de gerenciamento de dinheiro, conhecimentos de engenharia e arquitetura, jardinagem e de leis. Não dá para ser síndico em nossos dias tendo apenas boa vontade. Entende?

O mundo em que as pessoas de boa vontade se davam bem parece ter passado. Hoje em dia, com o aumento absurdo do compartilhamento de conhecimento – afinal, vivemos na era do conhecimento –, as pessoas são muito bem-informadas. A internet é a professora dessa geração!

O mundo de hoje é um mundo técnico, mas isso não é tudo. Nos tempos do rei Jeoás e do profeta Eliseu, por exemplo, as coisas eram resolvidas chamando um sacerdote. Dependendo do caso, recorria-se ao profeta. As guerras, como você pôde conferir, eram resolvidas no arco e na flecha em um campo aberto de batalha. Qual seria a especialidade de um profeta? Naqueles tempos, os reis se cercavam de conselheiros, como ainda hoje acontece com um presidente da República. Ele tem os seus conselheiros para áreas de defesa, economia, relações internacionais e para problemas internos do país.

Pessoas com conhecimentos específicos são úteis para orientar quem não os tem. Em determinada situação, você pode ser um conselheiro. Em outra, o aconselhado. É como diz Provérbios 11:14: *A sabedoria está na multidão de conselhos.*

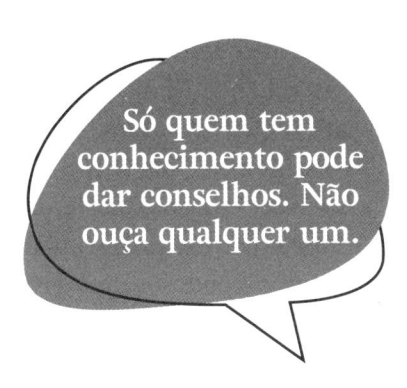

> Só quem tem conhecimento pode dar conselhos. Não ouça qualquer um.

Pois bem, o rei aceitou o conselho de Eliseu e quando retornou com o arco e as flechas, Eliseu pôs as suas mãos em torno das mãos do rei que segurava o arco, orientando-o. Foi assim que Eliseu mentoreou o rei no exercício do seu ofício.

Pessoas com conhecimentos específicos podem ajustar nosso rumo, dar ajustes que lá na frente farão muita diferença. Há conselhos, dicas, pistas que aparentemente não significam muita coisa, mas quando vêm na hora certa e são dadas por especialistas valem mais do que ouro. Quando dado por um representante divino não pode ser desprezado de jeito nenhum.

O problema é que desprezamos conselhos úteis porque temos os mesmos problemas, mas queremos soluções midiáticas, *hollywoodianas*.

> Há coisas complicadas que serão resolvidas com ajustes pequenos.

Além do desprezo ao conselho simples, temos casos em que as pessoas acham que não são boas para fazer isso ou aquilo, mas sequer tentaram. Outras colocam na cabeça que não conseguirão, pois se acham incompetentes. Contudo, saiba você que boa parte das pessoas que se destacam em uma atividade profissional não planejou nada daquilo que está vivendo ou que viveu. As biografias dessas pessoas não mentem, e é isso o que lemos na maioria dos casos.

O que é preciso para dar certo numa atividade, ainda que não seja algo que faça você ficar conhecido no mundo inteiro?

Muitas vezes, é preciso absorver um simples ensinamento, aceitar sermos guiados por alguém que tem um conhecimento a mais e que está disposto a nos treinar.

Treino é prática. E praticar é o que nos faz diferentes das pessoas que não se exercitam naquilo que querem se destacar. O profeta ajudou o rei a treinar o uso de arco e flecha. Ele não fez uma mandinga, uma oração "poderosa", não apelou aos espíritos que protegiam as fronteiras de Israel com a Síria, não! Eliseu ajudou o rei a praticar.

A pior coisa que podemos fazer por uma pessoa com alguma necessidade, ao tentar ajudá-la a sair de seu problema, é resolver tudo no lugar dela. Muitos pais frustraram o destino de seus filhos por tentarem "ajudá-los" evitando os processos dolorosos que os amadureceriam na vida.

É como trazer a solução sem ensinar como fazer, sem orientar como sair de um beco aparentemente sem saída. Se um dia, no futuro, a pessoa torna a enfrentar um problema, ela irá voltar porque não aprendeu como fazer o que precisa ser feito. Ela não praticou, não treinou.

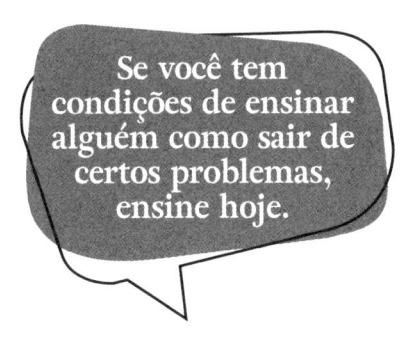

> Se você tem condições de ensinar alguém como sair de certos problemas, ensine hoje.

Não economize orientações, conselhos, dicas... nada. Se não sabe como ajudar, não se meta. Mas se sabe, faça-o com dedicação.

É como Paulo escreveu em Romanos 12:7:

Se é ministério, seja em ministrar; se é ensinar, haja dedicação ao ensino (ARC, ênfase no original).

Agora, veja a sequência da passagem entre o rei e o profeta, descrita no segundo livro de Reis 13:17-18:

[...] e lhe disse [o profeta] para abrir a janela que dava para o leste e atirar. O rei o fez, então Eliseu declarou: 'Esta é a flecha da vitória do Senhor, a flecha da vitória sobre a Síria! Você destruirá totalmente os arameus [sírios], em Afeque'. Em seguida Eliseu mandou o rei pegar as flechas e golpear o chão. Ele golpeou o chão três vezes e parou.

Aquela era a hora chave do treinamento com o profeta. Eliseu deu uma orientação e aguardou a reposta do rei. Quando Jeoás recebeu a ordem dizendo "atira", o profeta seguiu dizendo o que significava o seguinte: "Esta é a flecha do livramento do Senhor, é a flecha do livramento contra os sírios".

O rei procurava libertação em relação à opressão que o rei da Síria exercia contra o seu povo. Ele estava na presença do profeta porque aquele país havia sido criado por Deus e era dirigido por Ele, por isso era razoável pedir a orientação de um profeta que conhecia os planos de Deus.

Infelizmente, o rei parecia estar desmotivado ou, o que é pior, tinha visão curta para alguém que ocupava aquele cargo. Ele não entendeu a amplitude da ordem e tirou apenas três flechas de sua aljava e assim "golpeou o chão três vezes".

Mesmo depois de o profeta detalhar o processo durante um treinamento, o rei foi econômico, apesar de ter consigo diversas flechas.

Eliseu, o homem de Deus, ficou muito indignado, e começou a esbravejar:

O homem de Deus ficou irado com ele e disse: "Você deveria ter golpeado o chão cinco ou seis vezes; então iria derrotar a Síria e a destruiria completamente. Mas agora você a derrotará somente três vezes".

(2 Reis 13:19)

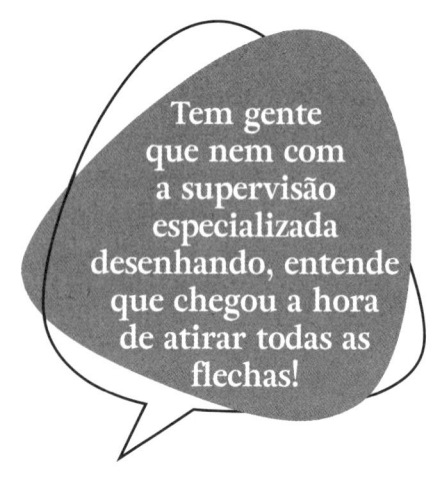

> Tem gente que nem com a supervisão especializada desenhando, entende que chegou a hora de atirar todas as flechas!

Qual foi o resultado do treinamento especial que o rei não soube aproveitar? O que ele conseguiu economizando flechas de sua aljava, talvez com medo de que faltassem flechas durante a batalha?

O resultado é que os sírios venceram a guerra, pois Israel tinha um rei com recursos suficientes, mas que preferiu economizar suas flechas. Naquela hora, ele deveria ter usado tudo o que tinha com vigor e empenho.

Qual a razão para ele fazer aquilo?

Qual o motivo para você economizar o que tem ao seu alcance quando há uma sinergia atuando a seu favor? Por que você não se dispõe a abrir portas, a ensinar pessoas, a conectar grupos, a atirar todas as flechas?

Há indivíduos que só irão aprender se receberem explicações detalhadas, mesmo tendo conteúdo, mesmo tendo recursos disponíveis. Se você tem o conteúdo, não economize. Isso tem a ver com funcionalidade na compreensão. Se compreender aquilo que está envolvido num processo, dê o seu melhor, para que todos ganhem.

O seu empenho deve ser feito com dedicação, sem economia. Veja novamente o que escreveu Salomão sobre o esforço e a dedicação:

O que as suas mãos tiverem que fazer, que o façam com toda a sua força, *pois na sepultura, para onde você vai, não há atividade nem planejamento, não há conhecimento nem sabedoria* (Eclesiastes 9:10, ênfase acrescentada).

É preciso aproveitar as oportunidades quando estamos diante de uma pessoa especial, que detém o poder, que pode nos abrir portas, assim como um profeta. Nos dias de hoje, um profeta poderia ser um mentor, um *coach*, alguém estratégico na sociedade ou mesmo um bom amigo.

Certa vez, em um evento no qual eu daria algumas palestras, o organizador, ao final de uma sessão, reclamou que eu havia dado muito conteúdo na primeira palestra, pensando que faltaria assunto para os encontros seguintes. Não!

Quando estou diante de uma oportunidade de formar pessoas melhores, eu dou o meu melhor, porque eu sei que há uma conspiração divina atuando em meu favor, e ela me dará mais conteúdo para as próximas palestras, para os próximos grupos e até para as próximas gerações.

O razoável não funciona diante de algo maior. O "mais ou menos", menos ainda. É tudo ou nada! Por isso, quando você tem o recurso, não faz sentido aguardar um comando sobrenatural lhe orientar a colocá-los à disposição. Se os recursos já estão com você e você confia na conspiração divina a favor do seu futuro, não economize.

Use seu talento, use a sua capacidade!

Vencem na vida aqueles que superam a posição de "pobre coitado" e se lançam para a História, os que ouvem bons conselhos e os usam na hora certa, os que não empurram a resolução de um problema para outro dia.

Se o rei tivesse atirado até o final das suas flechas, ele teria vencido os sírios naquela batalha. No entanto, ele achou que já estava bom ou preferiu economizar o que tinha à mão.

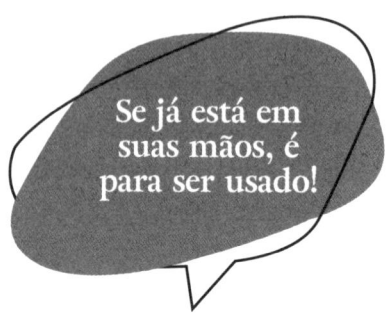

> Se já está em suas mãos, é para ser usado!

Não importa a circunstância, não importam os outros. Quanto a você e o que você faz com o que recebeu, só existe uma realidade: está em seu poder avançar ou alcançar o seu destino, levando outros consigo. Atire até a última flecha!

A fase da exposição

"Quem está na chuva é para se molhar."

Ditado popular

Parabéns por ter chegado até aqui!

Ao aplicar os conselhos e dicas que dei até este ponto do livro, você está prestes a atravessar as portas que dão acesso ao seu destino. Tenho certeza de que durante o tempo que investiu lendo estas páginas, você começou a desenhar em sua mente o futuro que deseja com maior clareza.

Mas, neste capítulo final, tenho ainda alguns conselhos que, como pai, vou dar aos meus filhos. Sendo assim, não posso deixar de compartilhá-los com você. Afinal, sinto que agora faço parte da sua história e do seu futuro.

Você deve imaginar que viver o seu destino exigirá maior exposição pública (ainda mais na era das redes sociais), e isso terá implicações positivas, mas também negativas – e você precisará saber lidar com todas elas.

De início, a exposição parece ser algo bom e agradável, afinal, quem não sonha em ser reconhecido pelo que faz? Mas a exposição, por outro lado, provocará contrariedades inevitáveis. Você pensa que a casa onde Martin Luther King Jr. morava com a sua família seria apedrejada se ele não estivesse exposto enquanto vivia e construía plenamente o seu destino? Certamente ninguém jamais notaria aquela residência, caso ele se acomodasse e deixasse de investir na realização de seu propósito na Terra.

A exposição coloca cada um de nós em uma posição justa, "sob medida", para recebermos julgamentos e críticas, "ganharmos" inimigos e sermos apedrejados – e, às vezes, todas essas coisas ao mesmo tempo.

Em várias ocasiões, enquanto estava no auge de sua exposição pública, Jesus teve que fugir de grupos que tentaram apedrejá-lo ou lançá-lo de algum precipício, literal e metaforicamente. E por que isso aconteceu? Porque viver e cumprir o seu destino profético sempre frustra aqueles que gostariam de estar em seu lugar. Desfrutar da exposição provocada pelo alinhamento de suas escolhas pessoais com o plano transcendental provoca ódio em muitas pessoas que não concordam com as suas posições e opiniões. Isso, para dizer o mínimo.

Você sabe lidar com a repulsa das pessoas em relação a você?

Lembre-se de que não saber lidar com sentimentos negativos como o medo, por exemplo, paralisa a construção do nosso destino.

Cada um de nós tem um futuro sendo construído, e a união de nossas histórias forma o que temos ao redor: a cultura, a sociedade, o empreendedorismo, o sistema financeiro, a indústria, o comércio e serviços e tudo o mais.

No entanto, algumas pessoas, cuja conspiração divina projeta a sua imagem publicamente – pois parte da sua missão é influenciar muitas pessoas ao mesmo tempo –, devem enfrentar os inconvenientes da exposição. É parte do processo. Acostume-se.

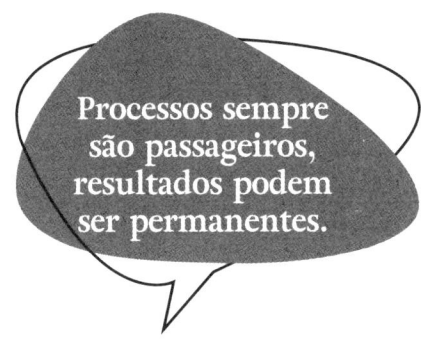

> Processos sempre são passageiros, resultados podem ser permanentes.

O anonimato, por sua vez, priva as pessoas desses incômodos, mas provoca outros problemas que elas terão que suplantar, como as necessidades de aceitação e reconhecimento, que ficam mais intensas quando alguém está fora do holofote social.

A exposição também provoca outras necessidades, mas veja isso como parte do seu crescimento e se alegre por ter sido apontado para dar singular contribuição às pessoas que vivem nesse tempo. Esse é o seu destino!

Mas atenção: se ainda não sabe lidar com o ódio, você não está habilitado a ser exposto publicamente. Se ainda se sente afetado pela inveja e intrigas alheias, você não está preparado para viver o futuro. Se você ainda se compara a alguém, você irá desmoronar emocionalmente quando for exposto.

Então, decida! A etapa de exposição pública exige muita maturidade e inteligência emocional. Ela exige o que a sabedoria milenar bíblica chama de "fruto do Espírito". A ideia, como a encontramos na Bíblia, remete a um fruto com nove gomos.

São eles: **amor, alegria, paz, paciência, amabilidade, bondade, fidelidade, mansidão e domínio próprio.**

Cada uma dessas virtudes pessoais fortalece aspectos de nossa personalidade, nos protegendo da acidez e mal-estar que determinadas relações sociais e pessoais carregam.

Por exemplo, no nosso caso, o domínio próprio é uma chave para lidar com pessoas agressivas, com aquelas pessoas que invejam a posição de destaque ou a exposição de outros e tendem a usar palavras ásperas com a intenção de ferir, de magoar e de pôr o outro "para baixo".

Uma pessoa despreparada dificilmente irá pensar duas vezes antes de retrucar, antes de "pagar na mesma moeda". E é isso que o provocador espera.

O destino roubado, ainda que por um tempo, não é o do agressor, mas daquele que permitiu ser ferido. Fatalmente, o desequilíbrio emocional e a falta de inteligência emocional provocaram um caos em situações como essa. Pessoas expostas ao público precisam chegar prontas para esse momento e, assim, evitar que a sua imagem seja arranhada ou desconstruída no início da carreira proposta.

Atendi dezenas de artistas da TV, esportistas, CEOs e líderes religiosos que não souberam lidar com auge de seus destinos.

Parte dos "memes" que vemos na internet é fruto disso: pessoas que não foram forjadas na fornalha do processo de construção de uma imagem segura, sólida, sonhada e planejada de antemão, pavimentada cuidadosamente. Quando se deparam com o inesperado, pensam que estão no pátio de recreio com amiguinhos de infância e agem como adolescentes, ficam emburradinhas, passam vexame.

Seres humanos que tomaram consciência do seu destino como influenciadores e assumiram o papel que o plano transcendental estabeleceu para elas, irão apresentar outro resultado, outra reação, dominarão a situação e saberão como capitalizar, isto é, extrair lições de vida das situações mais delicadas e melindrosas. Não há outro jeito de ser feliz em meio à exposição! Aliás, é em situações assim que conhecemos os líderes do futuro. Não são nas decisões triviais, do dia a dia, que surgem as pessoas que se destacam, que pensam e agem com excelência.

Decisões rotineiras são tomadas por pessoas comuns e essas decisões, em geral, não mudam outras pessoas, nem o mundo ao redor. As pessoas e o mundo são mudados quando ideias diferentes e inovadoras são apresentadas e implementadas com sucesso.

Novos rumos e destinos bem-sucedidos são conhecidos quando chegamos a um ponto crucial da história e temos pessoas de visão diferenciada, com os olhos postos além do horizonte e que não temem o que irão pensar ou falar a seu respeito.

São pessoas inabaláveis, constantes, invulneráveis.

Se você se der ao trabalho de estudar a história das grandes inovações, daquilo que foi chamado de "mudança de paradigma" ou "corte epistemológico", verá que as pessoas que as provocaram mudaram a condução do destino da humanidade, mesmo que isto tivesse exigido muito delas. Isto é: das pessoas que pensaram diferente dos demais e se expuseram publicamente.

Não pense que Albert Einstein (1879-1955), o grande físico alemão, foi elogiado nos corredores de laboratórios e universidades ao dizer que tempo e espaço não eram fixos. Ele contrariou o entendimento vigente, criado pela teoria de Isaac Newton (1643-1727). Apesar da grandeza de Newton, Einstein afirmou que tempo e espaço eram relativos! Por isso, muitos riram dele. Mas Einstein entrou para a História. Você conhece o nome dos que o ridicularizaram? Pois é.

Nesse episódio, Einstein criou a Teoria da Relatividade, na qual surge a noção de espaço-tempo curvos, o que possibilitou estabelecer bases geométricas em suas equações, ou seja, uma quarta dimensão.

Depois de Einstein, nem a Física nem o mundo foram os mesmos. Até hoje, gênios da ciência fazem novas descobertas, inovações tecnológicas e científicas a partir da Teoria da Relatividade. E ela foi criada há mais de cem anos! Diante disso, faço duas perguntas:

1. Como Einstein reagiu a seus críticos?
2. Qual é a imagem de Einstein hoje?

Seguramente você sabe quais são as respostas e também percebe que a exposição exige um preparo anterior. A exposição sem preparo pode gerar um "aborto de destino". Assim, considerando o que escrevi sobre o fruto de virtudes que precisamos cultivar em nossa vida e comportamento, acredito que a Bíblia sempre deu conselhos aos seus leitores para que estes pudessem viver coisas grandes.

Na Bíblia, estão textos que nos orientam a amar sem esperar nada em troca (amor desinteressado); ensinam que se alguém nos ferir em um lado da face devemos dar a outra também (não violência); e, entre outras passagens, nos incentivam a fazer tudo com excelência, sem esperar elogios humanos, mas como se fizéssemos para Deus (qualidade acima de tudo e de todos).

No fim das contas, devemos notar que tudo isso nem sempre tem a ver com as pessoas que estão em nosso meio ou conosco, mas sim com a nossa própria blindagem emocional. Deus sabe tudo, e destino é tudo!

Você está preparado para viver o seu destino?

Empenhar-se para fazer coisas grandiosas independentemente das pessoas ao nosso redor, sendo elas influências positivas ou negativas sobre nós, se querem o nosso bem ou o nosso mal, se irão aplaudir ou vaiar, tem mais a ver com a nossa saúde emocional, com o nosso crescimento espiritual e a sofisticação da nossa inteligência do que com os inimigos e estímulos negativos externos.

Na etapa da preparação, que foi o que tratamos até aqui, as dificuldades não se mostram tão severas. Subir uma montanha é tarefa que à primeira vista parece um tanto difícil, mas, paradoxalmente, o que acontece de fato é que se manter no topo é o que realmente dá mais trabalho, exige maior concentração e consome nossas energias.

Dizer isso, a essa altura, parece uma má notícia, um balde de água fria. Mas não é para isso que escrevi este livro: e sim ajudar você a lidar com as fases da vida, com o seu caminho de sucesso e a viver integralmente a realização do seu destino.

Quando comecei a fazer o que faço hoje e me dei conta de que as coisas estavam acontecendo, tudo parecia ir muito bem e de maneira saudável, a exposição chegou. Diante de um trabalho bem-feito e de motivações corretas, a exposição te põe à prova.

Nos últimos anos, entendi os sinais que surgiram, evidenciando que a minha trajetória havia decolado rumo ao destino que Deus traçou para mim.

Ele sabia em que eu me sairia melhor. Veja: fui músico profissional durante minha adolescência e parte da juventude, tive uma agência de viagens por oito anos, mas algo maior, o Arquiteto do Destino, sabia no que eu realmente seria bem-sucedido. Eu sequer podia imaginar. Como falo no capítulo "Zona de Expulsão", acabei sendo expulso por Ele de onde eu estava direto para o meu destino.

Eu deveria estar comemorando, afinal, quem não quer desfrutar da honra de ser uma referência em determinado assunto e poder ajudar tantas pessoas? Acontece que a exposição é apenas parte da situação toda. E é a parte visível. Uma palestra em auditório lotado, um vídeo de dez minutos em um canal do YouTube, uma entrevista para um meio de comunicação são vitrines, é o que aparece para a multidão.

Mas isso não é tudo. São apenas alguns minutos de um dia que dura 24 horas, como o de qualquer outra pessoa. O que as pessoas não veem são os bastidores, aquilo que, por vezes, acontece na base da força, das batalhas emocionais e dos embates que exigem níveis de inteligência diferenciados para que a palestra de sessenta minutos e o vídeo de dez minutos sejam feitos de forma impactante.

Vou contar uns segredos. É ruim, e eu diria que é péssimo, dormir fora de casa por causa das agendas de eventos. Perco o momento precioso de estar à noite no quarto dos meus filhos, abraçado com eles na cama e contando histórias para dormirem. Eu sou apegado a minha família. Pode ser que você tenha outro apego, e ele será exigido quando o seu momento de exposição pública chegar – entenda como exposição pública uma multidão de pessoas, mas também as poucas que te cercam e avaliam, como colegas do trabalho ou familiares.

A exposição rouba coisas preciosas. Por isso, responda com sinceridade: você saberá lidar com ela?

Outra coisa que a exposição traz são as críticas, e elas normalmente não são feitas em uma sala fechada entre seu crítico e você. É horrível ser criticado ou apedrejado publicamente, nas redes sociais, por exemplo, e não poder se defender e calar a voz caluniadora. Em muitos casos, essas críticas são feitas por meio de perfis *fakes*, criados para dar vazão a invenções de notícias mentirosas.

E se não bastasse o alvo da crítica (você ou eu) se sentir mal, atingido por uma mentira grosseira inventada por um invejoso, esses episódios também atingem às famílias. Lembre-se de que seus parentes (cônjuge, filhos, pai, mãe, irmãos) também lerão e verão tudo pela internet e acompanharão as "notícias" em tempo real.

Beira o estado depressivo quando você está no caminho certo, como foi o caso do próprio doutor Luther King, que lutou por igualdade em nome de toda uma comunidade, e percebe o governo, por suas costas, tramando contra seu projeto que visa o bem de milhões de pessoas.

Enquanto você se esforça, desdobra-se e expõe a própria imagem e integridade, alguém está insultando seus filhos na escola, nas praças. Enquanto você se dedica por algo que vale a pena, o FBI, a polícia federal norte-americana, está enviando montagens de fotos suas para a sua esposa só para tentar destruir a sua família e fazer com que a sua integridade moral vire fumaça (é o que nos conta a História sobre a vida de Martin Luther King Jr.).

Todas essas coisas só acontecem quando você está na fase da exposição. Depois que somos expostos, uma trama de novas situações começa a emergir diante de nossos olhos, dia a dia, e outros demônios emocionais surgem. Um deles é a comparação.

A comparação é uma ocorrência inevitável quando você alcança um lugar de destaque. Lembra-se da conhecida história bíblica das mulheres cantando "Saul matou milhares, mas Davi seus 10 milhares..." que citei neste livro? Então, é algo mais ou menos assim que acontece. Saiba que a comparação não virá necessariamente de você, a partir da vontade de se comparar com alguém que é referência.

Algumas pessoas certamente farão isso no seu lugar, e ela sempre virá carregada de exigências. Estas fazem com que você não seja apenas comparado a alguém, mas demandam que seja melhor do que o outro, que apresente um diferencial que agrade a todos, gregos e troianos. Algo impossível por natureza.

Com o tempo, você ficará irritado com esse nível de exigência. Isso não estava no seu plano original e jamais foi um desejo seu. Tudo o que você queria era apenas o seu lugar ao sol!

Porém, nessas horas, se não estiver com o coração blindado, você será alvejado e ficará ferido! Se não souber lidar com isso, o ferimento se tornará amargura e angústia. Em seguida, vem uma grave doença emocional, que tirará você do circuito e te lançará de volta às sombras.

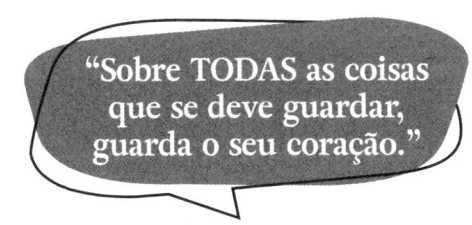

> "Sobre TODAS as coisas que se deve guardar, guarda o seu coração."

Novamente a Bíblia é uma sábia conselheira. Esse não é um conselho adequado para a nossa saúde emocional? Mas eu ainda não terminei de enumerar a trama de situações que a exposição pode atrair, pois a exposição é uma situação propícia também para atrair perseguição.

Quando a sua carreira decolar, muitos hábitos da sua rotina atual serão mantidos, como se manter atualizado e informado pela imprensa. Então, certa manhã você estará lendo as últimas notícias e poderá se deparar com alguém que resolveu escrever *contra* você, não *sobre* você e suas competências, sobre o bem que você está fazendo. Mas contra você.

Há certos veículos da imprensa que se especializaram em me perseguir. Contaminam meus leitores criando histórias que não são verdadeiras a meu respeito. Então, quando isso acontece, eu informo a minha equipe jurídica e ela me defende dos ataques.

Isso não parece uma loucura? Mas coisas assim só acontecem pelo simples fato de eu estar exposto. Para viver e cumprir o seu destino, será preciso entender que, no futuro, você mudará e ficará diferente do que é hoje.

Consequentemente, sua rotina diária também irá mudar. Você será mais forte, capaz e maduro o suficiente para lidar com as contrariedades e as dificuldades que estão por vir. Quando você caminha passo a passo no processo de construção de sua identidade e do futuro desejado, o próprio processo se encarrega de preparar você para a nova situação.

Certa vez, meu filho José, entrou em meu quarto, subiu na minha cama e me acordou. Eram 5h da manhã. Eu nem entendi direito o que estava acontecendo. Quando percebi, ele estava em cima de mim fazendo a seguinte pergunta: "Pai, quando eu crescer eu vou casar?".

Era inevitável não achar graça naquela pergunta. Então, sorri e respondi: "Filhão, ainda é madrugada. Volte a dormir".

Mas ele foi insistente e disse: "Pai, estou preocupado, preciso saber".

Até tentei, mas não consegui segurar a risada. Como uma criança pode estar preocupada com uma coisa dessas? Ainda assim, eu o respondi: "Sim, filho. Você irá se casar!".

Só que a minha resposta não foi suficiente e o meu filho continuou: "E quando eu casar, vou ter filhos também?".

Respondi: "Espero que sim... Deus sempre cuida de tudo".

Meu pequeno ainda não estava satisfeito e retrucou: "Mas pai, eu vou morar aqui em casa ou em outro lugar quando eu casar e tiver filhos?".

Eu rapidamente disparei: "Em outro lugar, meu amor".

Ele, então, ficou cabisbaixo e me perguntou: "Mas pai, se eu vou morar longe de você, quem vai cuidar de mim?".

Agora eu não sabia se chorava ou se sorria. Fiquei impressionado com as colocações dele e continuei a sessão de "*coaching* mirim":

"Filho, você está tentando ver o futuro com a cabecinha que tem agora. Hoje, você precisa do papai e da mamãe, precisa da babá que nos ajuda, precisa de cuidados quando vai comer, quando vai tomar banho... Mas no futuro, quando você crescer como o papai, você irá pensar de maneira diferente, terá força e jeito para fazer coisas que hoje ainda não consegue fazer, terá habilidades que ainda não tem. Quando esse tempo chegar, esse seu medo de fazer as coisas sozinho já não estará mais aí dentro de você".

José suspirou. Ao que parece, entendeu. Afinal, logo em seguida me deixou terminar aquela noite de sono. Esse caso nos dá mais uma importante lição:

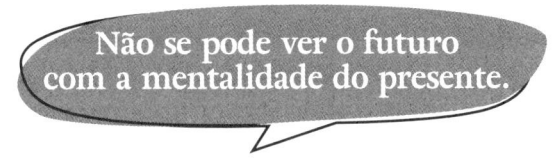

> Não se pode ver o futuro com a mentalidade do presente.

Algo pelo qual me esforço é tentar instruir e treinar a todos que passam pelo meu caminho, até mesmo um garotinho. Fazê-los entender que cada dia traz o seu próprio aprendizado tem sido uma missão de vida para mim. Pois se não aprendermos as lições da vida nos dias do treinamento, não saberemos lidar quando chegar a hora da prova, quando chegar a exposição pública, que é o resultado natural das coisas bem-feitas.

O medo sempre estará te rodeando nessa etapa. Medo de falhar, de não dar certo, de perder tudo. Há uma passagem bíblica interessante sobre isso. Nela, Jesus na madrugada vem caminhando sobre as águas do mar da Galileia e seus discípulos estavam no barco. Pedro vê alguém andando sobre as águas e todos gritam: FANTASMA!

Diante de uma situação pavorosa não reconhecemos Deus, achamos que é tudo, menos a salvação chegando. O medo nos confunde, nos cega e nos paralisa. O medo é inimigo da fé. Quer viver seu destino?

Aprenda a dominar os seus medos!

A ETAPA DA EXPOSIÇÃO TEM MUITOS BENEFÍCIOS

Pessoas que já estão no topo da montanha, em geral, só se relacionam com aqueles que chegaram lá e se mantiveram no topo. A comunicação entre os que estão no alto e os que estão na base não é possível. A distância impede que ouçam um ao outro e, em alguns casos, eles sequer se veem.

A exposição traz luz. Quem está no centro do palco é que recebe as luzes da exposição. Isso fará que seja revelado quem você se tornou e a qual patamar emocional, intelectual e, principalmente, espiritual você chegou.

Consequentemente, os círculos de amizade mudarão; você migrará natural e lentamente de uma roda de amizades para outra roda de relacionamentos. Um fator positivo da exposição é que a mensagem que você carrega ganha relevância. Quero dar um exemplo bem conhecido.

O gualtemalteco Cash Luna, um dos maiores líderes e comunicadores latinos da atualidade, afirmou em uma palestra para 13 mil líderes na Guatemala que 86% daquilo que é ouvido se dá por causa de *QUEM* está falando, não pelo *O QUE* está sendo dito. A exposição torna você um *QUEM*, um indivíduo a ser ouvido. E você pode usar isso para dar notoriedade à mensagem principal de sua vida.

Jesus tinha uma mensagem, desde criança. Ela sempre esteve com ele, mas ele só começou a divulgá-la depois dos 30 anos de idade, quando ganhou notoriedade, quando finalmente foi exposto. E, por consequência, os aspectos negativos vieram junto, como sabemos: críticas, comparações, perseguições.

Imagine se Martin Luther King Jr. revelasse a mensagem que carregava consigo antes de ser exposto publicamente como defensor dos direitos civis. Alguém o escutaria? De modo algum. As pessoas não ouvem NINGUÉM, elas ouvem QUEM.

Quem disse isso? Ele! Ah, então vamos dar ouvidos e prestar atenção.

A relevância está no QUEM e não no O QUÊ.

Quando vivemos o nosso destino, nos tornamos um QUEM. Então, será necessário um nível diferenciado de sabedoria para administrar os aspectos negativos e positivos que a exposição trará.

Até mesmo sobre isso a Bíblia tem um conselho apropriado:

Hoje invoco os céus e a terra como testemunhas contra vocês, de que coloquei diante de vocês a vida e a morte, a bênção e a maldição. Agora escolham a vida, para que vocês e os seus filhos vivam.
(Deuteronômio 30:19)

Maior fluxo de dinheiro, por exemplo, fará parte de sua rotina. Isso é bom ou ruim?

Depende do quanto de sabedoria você acumulou na etapa da preparação para lidar com essa nova realidade. A forma como você irá adminsitrar seus recursos será capaz de transformar a sua vida em um céu ou em um inferno. Entende?

Sempre tentamos culpar os fatores externos por nossos problemas e fracassos: as crises no país, a corrupção dos políticos, o pai que nos abandonou quando ainda éramos criança, alguém que o perseguiu em alguma situação específica. É a criação do "outro", um mecanismo de ataque e defesa que a psicologia e a sociologia explicam muito bem.

Acontece que o nosso "céu na terra" só é construído pelo modo como administramos aquilo que está dentro de nós, inclusive a fé – afinal, cada um de nós tem fé em alguma coisa ou em alguém.

O que acontece fora de nosso mundo interior são apenas *campos de treinamentos* e *oportunidades de amadurecimento*. A diferença irá acontecer internamente, na maneira como você lidou e preparou a sua inteligência emocional e o seu campo intelectual (o preparo técnico para exercer com excelência a sua vocação).

Assim:

> **Descobrir o nosso destino é mais do que receber uma visão de futuro.**
> **É carregar o peso da responsabilidade até ver o futuro se tornar presente.**

Na Introdução deste livro eu disse que o nível do seu treinamento é que determinará o raio de ação da sua influência. Nada é impossível quando você realmente sonha com algo e está preparado para se apossar de determinada vitória ou bem.

Podemos resumir isso numa equação:

SONHO + PREPARAÇÃO.

Por favor, grave isso!

Na execução dessa equação, lembre que a parte divina sempre estará ao seu lado. Portanto, faça sua parte!

Lembro-me de um dia em que estava na sala de vídeo de casa assistindo a uma série e comendo uma barra de chocolate com macadâmia. De repente, escutei os passinhos do meu filho José vindo pelo corredor. Não pensei duas vezes e, rapidamente, escondi o chocolate debaixo do sofá.

Mas espere! Não pense que fiz isso porque sou egoísta! É que crianças não podem ver algo como chocolate sem implorarem por um pedaço, não importa se está de dia ou de noite. Como estávamos próximos do horário do jantar, quem é pai ou mãe sabe a confusão que é dar doces aos filhos antes das refeições e, por isso, tomei a decisão de esconder o doce. Ao mesmo tempo, seria de uma crueldade sem-fim deixá-lo ver o chocolate e simplesmente dizer que ele não poderia comê-lo. É mais fácil esconder e pronto.

Parece ser exatamente assim que Deus age conosco. Ele é Pai e jamais deixará seus filhos verem algo que Ele não tenha a intenção de nos dar ou nos fazer participar. Nenhum pai leva seus filhos a uma loja de brinquedos no Dia das Crianças apenas para que elas vejam os brinquedos na vitrine. Isso seria uma tortura!

Quando um pai não tem a intenção de dar o brinquedo, por qualquer motivo que seja, jamais deixará a criança ver e passar vontade de tê-lo para si.

Assim, se Deus mostrou algo a você, se Ele permitiu a você visualizar o futuro de determinada maneira, sorria, alegre-se! Ele tem a intenção de entregar isso em suas mãos.

Se há algo que eu aprendi nessa vida é que Deus não é sádico.

É completamente absurda a teoria – que muitos acreditam – de que Ele quer nos ver sofrer para quitarmos os nossos pecados. É completamente irreal que Deus queria te castigar para que você aprenda ou possa conquistar algo.

A Bíblia diz o contrário:

Ele levou sobre Si as nossas dores, o castigo que nos traz a paz estava sobre Ele, e pelas suas feridas fomos curados.

(Isaías 53:4-5)

Nosso destino nos espera e está bem ali à frente. O futuro de quem está exposto ao plano transcendental é brilhante. O seu será assim também.

Por isso, eu te digo: tenha fé.

A fé abre o caminho antes de darmos os passos. A fé é o que nos impulsiona.

Acredite naquilo que você ainda não consegue ver!

COMO EU DESCOBRI MEU DESTINO?

Muito jovem, percebi que tinha o dom de falar em público. Minhas amizades e leituras construíram uma quantidade relevante de conteúdo sobre liderança e crescimento pessoal em minha mente. Meu *mindset* foi construído através disso e potencializado pela fé que eu tinha.

Os obstáculos que encontrei pelo caminho me fizeram conhecer a superação; os traumas e complexos emocionais que carregava me ensinaram a importância de ter Emoções Inteligentes. Batalhei muito para adquirir isso!

Apesar de adorar ler tudo sobre gastronomia e ser "bom de cozinha", ninguém parava para me escutar quando eu falava deste assunto, mas, quando falava sobre espiritualidade e desenvolvimento pessoal, uma multidão disputava lugar para me ouvir.

Quero dizer que a conta foi simples: minha matéria prima (o dom da oratória), minhas amizades, os livros que li, as viagens que fiz, minha história de superação, meu conhecimento sobre a vida emocional e minha expulsão da zona de conforto somados me fizeram entender que eu precisava começar um Instituto de Liderança, Coaching e Múltiplas inteligências e escrever livros para que as pessoas não passassem pelo o que eu passei e que elas queriam escutar todo o conhecimento que eu havia acumulado. Assim nasceu o Instituto Destiny e o escritor Tiago Brunet que vocês conhecem hoje.

Com lágrimas, orações e decisões, entrei na estrada que me levaria ao meu futuro!

Para DESCOBRIR o seu destino, ou seja, compreender para onde você está indo, responda as perguntas abaixo com atenção e sinceridade:

1. Seus 3 principais amigos são especialistas em algo e podem lhe ensinar?
2. Qual é o tema principal dos últimos 5 livros que você leu?
3. Você identificou sua matéria-prima, ou seja, o seu talento ou habilidade natural?
4. Qual é o seu maior sonho? Sua vida atual é coerente com o que você deseja para o futuro?
5. Você tem fé e coragem para recomeçar se for preciso ou pensa em desistir se tudo der errado?
6. Você já passou pela Zona de Expulsão? Para onde ela te levou?
7. Onde você tem depositado sua fé? Nas palavras contrárias ou nas palavras proféticas sobre sua vida?

E se tudo sair do controle?

DESESPERO!

Assim definimos o sentimento que nos agita de dentro para fora quando tudo sai do controle. Quando o timão do navio que cruza os mares da vida está desgovernado, ficamos aterrorizados.

É desconfortável não controlar a situação que estamos vivendo. Mas lembre-se do que escrevi linhas atrás: existe um arquiteto de destino.

Tenho experiências acumuladas para poder afirmar que Ele continua guiando nosso futuro quando perdemos o controle. Ele continua enxergando o caminho sempre quando chega o nevoeiro.

O Criador assume as rédeas de nossa vida quando, descontroladamente, derrapamos na estrada mal sinalizada de nossa existência.

Em minha quebra financeira e emocional, a minha bússola interna se partiu e fiquei desorientado, perdido, sem chão. Eu não tinha ideia do que aconteceria. Perdi totalmente o controle!

Logo eu, que adorava criar as minhas oportunidades, que andava rodeado de pessoas importantes, que era seguro de si. Naquele momento impactante, eu me vi sem rumo e quase sem esperança.

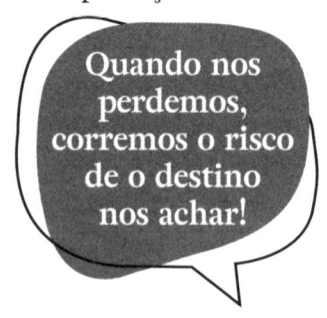

> **Quando nos perdemos, corremos o risco de o destino nos achar!**

Ele me achou. E Ele vai te achar.

Parece que eu tinha esquecido que há uma supervisão especializada, há algo maior que nos faz voltar para o caminho, se assim desejarmos.

Mas veja que interessante: não fui eu quem sonhou em ser um *coach* ou escritor.

Na verdade, era a única coisa que eu podia fazer em meio ao caos. Eram essas as ferramentas que eu tinha disponíveis.

Deus sempre usará o que você já tem em mãos para transformar seu futuro.

Ou seja, não escolhi ser escritor quando escrevi meu primeiro livro, isso foi desenhado em minha existência quando inconscientemente comecei a me preparar para isso.

O que você tem em mãos hoje?

O destino me escolheu. Apesar que, depois que o mar bravio se acalma, você junta as peças do seu quebra-cabeça da vida e percebe que já havia uma conspiração divina para que tudo isso acontecesse.

Nenhum treinamento que passei foi em vão, tudo se encaixou perfeitamente na minha nova realidade.

A forma como o raciocínio de uma criança se desenvolve é muito útil em situações como essa. Imagine que o pai está dentro de uma piscina, e a criança, na borda. A piscina é funda, e a criança jamais conseguiria colocar o pé no fundo sem beber muita água e pôr a própria vida em risco. E, em geral, as crianças não sabem nadar! Apesar de tudo isso, o pai grita: "Filhão, vem!".

Ao ouvir o comando paterno, a criança se joga sem nem pensar no que está fazendo. Essa ilustração é muito comum, acredito que você já a tenha presenciado, até mais de uma vez, em sua vida, não é?

Confiar que o pai vai te segurar quando você se joga em um lugar que não "dá pé" é típico de criança. E o final é sempre alegre, não é mesmo?

Temos que ser como crianças, diz a Bíblia.

Estar perdido não é tão ruim quando somos guiados por quem desenhou a trilha da nossa vida. Mas não se confunda: não é bom viver perdido. No entanto, se temporariamente isso acontecer, não se desespere.

Pessoas tiraram a própria vida em momentos como esse. Outros, deixam a família e fogem. Provocam tragédias irreparáveis ao se sentirem perdidos.

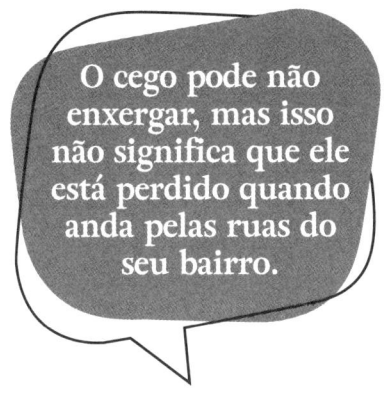

> O cego pode não enxergar, mas isso não significa que ele está perdido quando anda pelas ruas do seu bairro.

Não ver o próximo passo não significa que você está perdido. Tem coisas que nosso instinto, que é dado por Deus, vai nos orientar, ainda que no último instante (Alguns chamam isso de "Toque do Espírito Santo"). Deus tem outras formas de nos orientar nos dias que não conseguimos enxergar!

Você acha que vai afundar? Não se esqueça que há um Pai de braços abertos cuidando de você. Por isso, fiz este adendo ao livro. É para lembrá-lo de uma frase bíblica que me impulsiona:

Sem fé é impossível agradar a Deus.

Não importa o quão perdido você pense que está, CONFIE!

Não importa o quão inútil você pensa que é, ACREDITE!

Não importa o seu passado, TENHA FÉ que o futuro será extraordinário!

Você viverá o seu destino.

Este livro é um mapa, vá seguindo as pistas até encontrar o seu tesouro!

Destino não é sorte. É para onde você vai quando decide que Algo Maior escolherá os caminhos por você.

Destino é tudo!

Os conceitos de "o que tem que ser será", "tudo já está escrito", "karma, Maktub" foram derrubados por Jesus em uma passagem bíblica que já mencionei neste livro: Mateus 26:38-39. O Mestre estava a ponto de entregar sua vida pela humanidade.

Ninguém tem o poder de tirar minha vida, eu mesmo a entrego (Ele decidiu entregá-la).

(João 10:17-18)

Ele suava sangue e estava angustiado com um profundo sentimento de morte.

Naquelas horas medonhas no jardim Getsêmani, em que os Evangelhos de Mateus e Lucas relatam com detalhes, Jesus tentou mudar o curso do destino e atemorizado declara: *Pai, se possível, afasta de mim este cálice.*

Ou seja, sim, existe um plano escrito, mas você pode alterá-lo com suas decisões.

Se Jesus insistisse naquela escolha de voltar atrás diante do terror que seria enfrentar a cruz, nós não estaríamos aqui hoje.

Uma decisão pessoal pode impactar todos à sua volta para sempre.

É o caso de um pai que decide sair de casa, sem perceber que isso irá alterar o destino dos filhos também.

Destino é decidir que a conspiração divina tenha o controle absoluto sobre seu futuro.

Jesus cai em si novamente e retruca: *Mas não seja como EU QUERO, mas conforme Tua vontade.*

O "eu quero" feriu muitas pessoas, já destruiu casamentos, já matou destinos proféticos.

Quando o Mestre decide colocar o próximo passo no controle daquele que via o futuro e regia toda a Terra na palma de suas mãos, o destino é confirmado!

Entenda, temos dois destinos: o passageiro e o eterno!

Aqui na terra seguiremos as instruções desse livro e viveremos nosso destino temporal, mas uma outra decisão pode garantir o Destino Final: a Eternidade.

A Bíblia diz que Jesus foi exemplo em tudo, e, nesta exata passagem, ele nos ensina a viver ambos destinos em uma só decisão.

Não seja o eu quero. Mas seja feita a Tua vontade.

O simples fato de orarmos assim declara publicamente nossa decisão.

O futuro começa hoje!

E Jesus estará contigo, ao teu lado, daqui até a Eternidade.